国家科技支撑计划项目“民族特色农产品多语言网络交易展示平台关键技术集成与应用示范”（2015BAD29B01）资助出版



# 多语言电子商务平台实训

万福成　何向真　主　编
孟祥和　徐　涛　张金溪　副主编

電子工業出版社
Publishing House of Electronics Industry
北京・BEIJING

## 内 容 简 介


本书全面系统地介绍了多语言电子商务平台相关的基本内容和具体操作步骤。书中内容来源于国家重点支撑项目，围绕开发出来的多语言电子商务平台详尽地讲述了该平台的操作流程及注意事项。全书分为 4 个部分，共 18 章。第一部分为引言；第二部分为多语言电子商务平台管理员模块；第三部分为多语言电子商务平台商家管理模块；第四部分为多语言电子商务平台个人会员管理模块。

本书适合作为本科院校、职业院校相关专业及各类培训班的教材，也可作为电子商务平台开发人员及从业人员的参考用书。





**图书在版编目（CIP）数据**

多语言电子商务平台实训 / 万福成等主编. —北京：电子工业出版社，2018.12
ISBN 978-7-121-34963-8

Ⅰ. ①多… Ⅱ. ①万… Ⅲ. ①电子商务—研究 Ⅳ. ①F713.36

中国版本图书馆 CIP 数据核字（2018）第 198839 号

策划编辑：张正梅
责任编辑：刘小琳　　　特约编辑：郭伟 等
印　　刷：北京虎彩文化传播有限公司
装　　订：北京虎彩文化传播有限公司
出版发行：电子工业出版社
　　　　　北京市海淀区万寿路 173 信箱　邮编 100036
开　　本：720×1 000　1/16　印张：16　字数：256 千字
版　　次：2018 年 12 月第 1 版
印　　次：2021 年 6 月第 3 次印刷
定　　价：89.00 元

凡所购买电子工业出版社图书有缺损问题，请向购买书店调换。若书店售缺，请与本社发行部联系，联系及邮购电话：（010）88254888，88258888。

质量投诉请发邮件至 zlts@phei.com.cn，盗版侵权举报请发邮件至 dbqq@phei.com.cn。

本书咨询联系方式：（010）88254757。

# 前　言

电子商务平台是一个为企业或个人提供网上交易洽谈的平台。它是人们在互联网（Internet）上进行商务活动的虚拟网络空间和保障商务顺利运营的管理环境，也是协调整合信息流、物质流、资金流有序、关联、高效流动的重要场所。企业、商家可充分利用电子商务平台提供的网络基础设施、支付平台、安全平台、管理平台等共享资源有效地、低成本地开展自己的商业活动。

多语言电子商务系统是以多种语言为基础的网上交易平台实现体系。交易是参与交易双方在平等、自由、互利、同种语言的基础上进行的基于价值的交换。多语言电了商务平台是以计算机网络为基础，以电了化方式为手段，以商务活动为主体，在法律许可范围内所进行的商务活动的过程。多语言电子商务是运用数字信息技术对企业的各项活动进行持续优化的过程。

为了帮助各院校、各类培训机构的相关专业教师及企业培训管理人员全面、系统、专业地讲授多语言电子商务平台实训相关课程，使学生和员工能够熟练地使用多语言电子商务平台，我们组织了几位有丰富项目开发经验的专业人士编写了本书。

本书从理论到实践全面介绍了多语言电子商务平台的使用注意事项和具体操作流程。全书分为 4 个部分，共 18 章，内容涵盖了多语言电子商务平台的相关理论知识、多语言电子商务平台管理员模块、多语言电子商务平台商家管理模块、多语言电子商务平台个人会员管理模块，并以新颖实用的真实案例来映射理论知识，内容翔实、条理清晰、图文并茂，讲解清晰，便于读者学习和掌握。

本书将理论与实践相结合，注重操作技能和创新能力的培养。编者根据多年教学与项目开发经验对多语言电子商务平台实训内容不断优化，做到了有的放矢、重点突出，坚持“理论够用、突出实用、即学即用”的原则，以“工学结合”为目标，注重平台的实际使用，实现“学中做，做中学”。本书将项目化的设计模式引入教材中，模拟企业实战，在结构安排和编写方式上体现了应用型本科院校、职业院校的教学特点。

本书的主要特色如下：

（1）本书内容来源于国家重点支撑项目，以开发出来的多语言电子商务平台为真实案例编写。

（2）本书内容的选取符合电子商务专业或从业人员最新的应用需求，本书的案例遵循循序渐进的教学规律，易懂易学。

（3）注重方法的讲解与技巧的总结。在介绍平台使用的详细操作步骤的同时，对于一些重要而常用的知识点与技能进行了较为精辟的总结。

（4）操作步骤详细。本书案例的操作步骤非常详细，即使是初级的学习者，只需要一步步按照本书步骤进行操作，一般都可以独立完成操作。

本书由万福成、何向真担任主编，孟祥和、徐涛、张金溪担任副主编。万福成负责编写第 1、2、17、18 章，何向真负责编写第 3～7 章，孟祥和负责编写第 8～10 章，徐涛负责编写第 11～13 章，张金溪负责编写第 14～16 章。全书由万福成统稿。

本书是编者在总结多年教学经验和项目开发经验的基础上编写而成的，编者在探索教材建设方面做了许多努力，也对书稿进行了多次审校。由于编写时间及水平有限，本书难免存在一些疏漏和不足，希望同行专家和读者给予批评指正。

编者

2018 年 6 月

# 目　录

## 第一部分　引　言

## 第二部分　多语言电子商务平台管理员模块

## 第三部分 多语言电子商务平台商家管理模块

# 第一部分
# 引　言

# 第 1 章

# 多语言电子商务平台概述

## 1.1 电子商务平台简介

电子商务平台是一个为企业或个人提供网上交易洽谈的平台。它是人们在 Internet 上进行商务活动的虚拟网络空间和保障商务顺利运营的管理环境，也是协调整合信息流、物质流、资金流有序、关联、高效流动的重要场所。企业、商家可充分利用电子商务平台提供的网络基础设施、支付平台、安全平台、管理平台等共享资源有效地、低成本地开展自己的商业活动。下面就从电子商务的模式、主要功能，以及企业或个人选择电子商务平台时要考虑的一些因素等方面来做以下说明。

从交易对象来分，电子商务的模式目前主要有三种：

（1）B2B 模式，即企业与企业之间的电子商务。交易分为四个阶段。一是交易前的准备。这一阶段主要是指买卖双方和参加交易各方在签约前的准备活动。二是交易谈判和签订合同。这一阶段主要是指买卖双方对所有交易细节进行谈判，将双方磋商的结果以书面文件形式和电子文件形式签订贸易合同。三是办理交易进行前的手续。这一阶段主要是指买卖双方签订合同后到合同开始履行之前办理各种手续的过程。四是交易合同的履行。

（2）B2C 模式，即企业与消费者之间的电子商务。通过 Internet 网站可以实现厂商与顾客的直接交流，使双方突破地域国界的限制。这大大缩短了交易时间，也为顾客提供了更多选择商品的余地。

（3）C2C 模式，即消费者之间用户对用户的模式，一个人既可以是买家也可以是卖家。C2C 商务平台就是通过为买卖双方提供一个在线交易平台，使卖方可以主动提供商品上网拍卖，而买方可以自行选择商品进行竞价。

电子商务可提供网上交易和管理等全过程的服务，因此它具有广告宣传、咨询洽谈、网上订购、网上支付、电子账户、服务传递、意见征询、交易管理等各项功能。

（1）广告宣传：电子商务可凭借企业的 Web 服务器和客户的浏览，在 Internet 上发布各类商业信息。客户可借助网上的检索工具（Search）迅速地找到所需商品信息，而商家可利用网上主页和电子邮件在全球范围内做广告宣传。与各类传统广告相比，网上的广告成本最低廉，而给顾客的信息量却最丰富。

（2）咨询洽谈：电子商务可借助非实时的电子邮件、新闻组和实时的讨论组(chat）来了解市场和商品信息、洽谈交易事务，如有进一步的需求，还可用网上的白板会议来交流即时的图形信息。网上的咨询和洽谈能突破人们面对面洽谈的限制，提供多种方便的异地交谈形式。

（3）网上订购：电子商务可借助 Web 中的邮件交互传送实现网上的订购。网上的订购通常都是在产品介绍的页面上提供十分友好的订购提示信息和订购交互格式框。当客户填完订购单后，通常系统会回复确认信息单来保证订购信息的收悉。订购信息也可采用加密的方式使客户和商家的商业信息不会泄露。

（4）网上支付：电子商务要成为一个完整的过程，网上支付是重要的环节。客户和商家之间可采用信用卡账号进行支付，在网上直接采用电子支付手段可省去交易中很多的人员开销。网上支付需要更可靠的信息传输安全性控制，以防范欺骗、窃听、冒用等非法行为。

（5）电子账户：网上的支付必须有电子金融来支持，即银行或信用卡公司及保险公司等金融单位要为金融服务提供网上操作的服务。而电子账户管理是其基本的组成部分。

（6）服务传递：对于已付款的客户，应将其订购的货物尽快地传递到他们的手中。而有些货物在本地，有些货物在异地，电子邮件能在网络中进行物流的调配，而最适合在网上直接传递的货物是信息产品。

（7）意见征询：电子商务能十分方便地采用网页上的“选择”“填空”等格式文件来收集用户对销售服务的反馈意见。这样使企业的市场运营能形成一个封闭的回路。客户的反馈意见不仅能提高售后服务的水平，还能使企业获得改进产品、发现市场的商业机会。

（8）交易管理：整个交易的管理涉及人、财、物多个方面，以及企业和企业、企业和客户及企业内部等各方面的协调和管理。因此，交易管理是涉及商务活动全过程的管理。

选择电子商务平台应该考虑的因素：

（1）电子商务网站的人流量、信息量。人流量越大，说明被曝光的概率越高，信息量越大，被 GOOGLE 等搜索到的机会越多，但也不能是简单的信息堆积，而需要有真实的信息、可靠的信息量。

（2）不要盲目地追求知名度和名气，而是需要综合考虑一个电子商务网站的性价比。比如，加入这个电子商务网站能带来多少业务，带来多少目标顾客关注，需要多少时间才能见效，有多少反馈，有多少咨询电话，费用是多少，网站给企业自身的宣传有多少。例如，虽然阿里巴巴名气很大，加入的企业很多，但如果被推荐的次数和概率很少，就会导致很多顾客根本找不到你的产品，也就产生不了多大的广告效果。

（3）费用是否合理。很多网站知名度很大，但费用也很高。正如我们要购买一件衣服，考虑更多的是衣服整体的性价比，而不应只追求名气。所以站在企业的角度来说，开源节流是最重要的商业活动原则。

# 1.2 多语言电子商务平台简介

## 1.2.1 多语言电子商务系统平台实现体系

多语言电子商务系统是以多种语言为基础的网上交易平台实现体系。交易是由参与交易双方在平等、自由、互利、同种语言的基础上进行的基于价值的交换。网上交易同样遵循上述原则。作为交易中的两个有机组成部分，一是交易双方信息沟通（语言的选择），二是双方进行等价交换。网上交易的信息沟通是通过数字化的信息沟通渠道而实现的，首要条件是交易双方必须拥有相应的信息技术工具，即选取双方都理解的同一种语言进行交流，才有可能利用基于信息技术的沟通渠道进行沟通。同时要保证能通过 Internet 进行交易，必须要求企业、组织和消费者连接到 Internet。在网上进行交易，交易双方在空间上是分离的，为保证交易双方进行等价交换，必须提供相应货物配送手段和支付结算手段。货物配送仍然依赖传统物流渠道，对于支付结算既可以利用传统手段，也可以利用先进的网上支付手段。此外，为保证企业、组织和消费者能够利用数字化沟通渠道，保证交易配送和支付的顺利进行，需要有专门提供这方面服务的中间商，即多语言电子商务服务商。这在广义上是指支持多语言电子商务活动的电子技术手段的集合；狭义上是指多语言电子商务系统，在 Internet 和其他网络的基础上，以实现企业电子商务活动为目标，满足企业生产、销售、服务等生产和管理的需要，支持企业的对外业务协作，从运作、管理和决策等层次全面提高企业信息化水平，为企业提供商业智能的计算机系统。

多语言电子商务平台是以计算机网络为基础，以电子化方式为手段，以商务活动为主体，在法律许可范围内所进行的商务活动过程。多语言电子商务是运用数字信息技术，对企业的各项活动进行持续优化的过程。随着国内 Internet 使用人数的增加，利用 Internet 进行网络购物并以银行卡付款的消费方式已逐渐流行，市场份额也在迅速增长，多语言电子商务网站也层出不穷。多语言电子商务整体结构分为电子商务应用层结构（简称应用层）和支持应用实现的基础结构，基础结构一般包括三个层次和两个支柱。三个层次自下而上分别为网络层、传输层和服务层，两个支柱分别是公共政策与法律法规、安全协议与技术标准。这三个层次为基础层次，其上就是各种特定的多语言电子商务应用，可见三个基础层次和两个支柱是多语言电子商务应用的条件。

三个层次：

（1）网络层（网络平台）。网络层是多语言电子商务的硬件基础设施，是信息传输系统，包括远程通信网（telecommunication）、有线电视网（cable TV）、无线通信网（wireless）和 Internet。远程通信网包括电话、电报，无线通信网包括移动通信和卫星网，Internet 是计算机网络。这些不同的网络都提供了多语言电子商务信息传输线路，但是，当前大部分多语言电子商务应用还是基于 Internet。Internet 包括的主要硬件有基于计算机的电话设备、集线器（hub）、数字交换机、路由器（routers）、调制解调器、有线电视的机顶盒（set-top box）、电缆调制解调器（cable modem）。经营计算机网络服务的是 Internet 网络接入服务供应商（IAP）和内容服务供应商（ICP），它们统称为网络服务供应商（ISP）。IAP 只向用户提供拨号入网服务，它的规模一般较小，向用户提供的服务有限，一般没有自己的骨干网络和信息源，用户仅将其作为一个上网的接入点。ICP 能为用户提供全方位的服务，可以提供专线、拨号上网，还提供各类信息服务和培训等。ICP 拥有自己的特色信息源，是 ISP 今后发展的主要方向，也是发展多语言电子商务的重要力量。

（2）传输层（信息发布平台）。传输层提供了信息传输的线路，线路上传输的最复杂的信息就是多媒体信息，它是文本、声音、图像的综合。最常用的信息发布应用就是 WWW，用 HTML 或 Java 将多媒体内容发布在 Web 服务器上，然后通过一些传输协议将发布的信息传送到接收者。

（3）服务层（多语言电子商务平台）。这一层实现标准的网上商务活动服务，以方便交易，如标准的商品目录/价目表建立、电子支付工具的开发、商业信息的安全传送、买卖双方的合法性认证。

**两个支柱：**

**1）公共政策与法律法规**

公共政策是围绕多语言电子商务的税收制度、信息的定价（围绕谁花钱来进行信息高速公路建设）、信息访问的收费、信息传输成本、隐私问题等，需要政府制定的政策。其中，税收制度如何制定是一个至关重要的问题。例如，对于咨询信息、电子书籍、软件等无形商品是否征税，如何征税；对于汽车、服装等有形商品如何通过海关，如何征税；税收制度是否应与国际惯例接轨，如何接轨；关贸总协定是否应把电子商务部分纳入其中。这些问题不妥善解决，就会阻碍着电子商务的发展。

法律法规维系着多语言电子商务活动的正常运作，违规活动必须受到法律制裁。网上商务活动有其独特性，买卖双方很可能存在地域的差别，他们之间的纠纷如何解决？如果没有一个成熟的、统一的法律系统进行仲裁，纠纷就不可能解决。那么，这个法律系统究竟应该如何制定，应遵循什么样的原则，其效力如何保证，如何保证授权商品交易的顺利进行，如何有效遏止侵权商品或仿冒产品的销售，如何有力打击侵权行为，这些都是制定电子商务法律法规时应该考虑的问题。法律法规制定的成功与否直接关系到电子商务活动能否顺利开展。

**2）安全协议与技术标准**

安全问题可以说是多语言电子商务的核心问题。如何保障多语言电子商务活动的安全，一直是多语言电子商务能否正常开展的核心问题。作为一个安全的多语言电子商务系统，首先，必须具有一个安全、可靠的通信网络，以保证交易信息安全、迅速地传递；其次必须保证数据库服务器的绝对安全，防止网络黑客闯入盗取信息。电子签名和认证是网上比较成熟的安全手段。同时，人们还制定了一些安全标准，如安全套接层（secure sockets layer）、安全 http 协议（secure http）、安全电子交易（secure electronic transaction）等。技术标准是信息发布、传递的基础，是网络上信息一致性的保证。如果没有统一的技术标准，就像不同的国家使用不同的电压传输电流，用不同的制式传输视频信号，限制了许多产品在世界范围的使用。

多语言电子商务平台交易活动过程中，衍生了一系列相关的配套服务，如仓储、快递等业务，共同支撑电子商务系统的运转。当前，随着社会经济的不断发展，以及科学技术的发达，多语言电子商务平台在中国应用的程度越来越高，多语言电子商务销售额占总销售额的比重突破 1%并呈强势上升趋势，越来越多的企业开始进入多语言电子商务行业。针对多语言电子商务平台的行业独特性，市场上出现了适合多语言电子商务平台网站库存管理的专门系统。基础的多语言电子商务系统，是在 Internet 信息系统的基础上，由参与交易主体的信息化企业、信息化组织和使用 Internet 的消费者主体，提供实物配送服务和支付服务的机构，以及提供网上商务服务的多语言电子商务服务商组成。由上述几部分组成的基础电子商务系统，将受到一些市场环境的影响，包括经济环境、政策环境、法律环境和技术环境等几个方面。多语言电子商务系统的基础是 Internet 信息系统，它是进行交易的平台，交易中所涉及的信息流、物流和货币流都与信息系统紧密相关。Internet 信息系统是指企业、组织和电子商务服务商，在 Internet 网络的基础上开发设计的信息系统，它可以成为企业、组织和个人消费者之间跨越时空进行信息交换的平台。在信息系统的安全和控制措施保证下，通过基于 Internet 的支付系统进行网上支付，通过基于 Internet 物流信息系统控制物流的顺利进行，最终保证企业、组织和个人消费者之间网上交易的实现。因此，Internet 信息系统的主要作用是提供一个开放的、安全的和可控制的信息交换平台，它是多语言电子商务系统的核心和基石。

### 1.2.2　多语言电子商务系统电子商务主体

企业、组织与消费者是 Internet 上市场交易主体，它们是进行网上交易的基础。Internet 本身的特点及加入 Internet 的网民的倍速增长趋势，使得 Internet 成为非常具有吸引力的新兴市场。一般说来，组织与消费者上网比较简单，因为他们主要是使用多语言电子商务服务商提供的 Internet 服务来参与交易。企业上网则是非常重要而且是很复杂的。这是因为，一方面，企业作为市场交易一方，只有上网才可能参与网上交易；另一方面，企业作为交易主体，必须为其他参与交易方提供服务和支持，如提供产品信息查询服务、商品配送服务、支付结算服务。因此，企业上网开展网上交易，必须进行系统规划，建设好自己的电子商务系统。

多语言电子商务系统由企业内联网（Intranet）系统、企业管理信息系统、多语言电子商务站点组成。

**1. 企业内联网系统**

当今时代是信息时代，而跨越时空的信息交流传播是需要通过一定的媒介来实现的，计算机网络恰好充当了信息时代的“公路”。计算机网络是通过一定的媒体如电线、光缆等将单个计算机按照一定的拓扑结构连接起来，在网络管理软件的统一协调管理下，实现资源共享的网络系统。

根据网络覆盖范围，一般可分为局域网（Local Area Network，LAN）和广域网（Wide Area Network，WAN）。由于不同的计算机硬件不一样，为方便联网和信息共享，需要将 Internet 的联网技术应用到 LAN 中组建 Intranet，它的组网方式与 Internet 一样，但使用范围局限在企业内部。为方便企业同业务紧密的合作伙伴进行信息资源共享，在 Internet 上通过防火墙（Fire Wall）来控制不相关的人员和非法人员进入 Intranet，以保证交易安全，只有那些经过授权的成员才可以进入网络，一般将这种网络称为企业外联网（Extranet）。如果企业的信息可以对外界进行公开，那么企业可以直接连接到 Internet 上，实现信息资源最大限度的开放和共享。

企业在组建多语言电子商务系统时，应该考虑企业的经营对象是谁，如何采用不同的策略通过网络与这些客户进行联系。一般说来，可以将客户分为三个层次并采取相应的对策：对于特别重要的战略合作伙伴关系，企业允许他们进入企业的 Intranet 系统直接访问有关信息；对于与企业业务相关的合作企业，企业同他们共同建设 Extranet 实现企业之间的信息共享；对于普通的大众市场客户，则可以直接连接到 Internet。由于 Internet 技术的开放、自由特性，在 Internet 上进行交易很容易受到外来的攻击，因此企业在建设电子商务时必须考虑到经营目标的需要并保障企业电子商务安全。否则，可能由于非法入侵而妨碍企业电子商务系统正常运转，甚至会出现致命的后果。

### 2. 企业管理信息系统

企业管理信息系统是功能完整的多语言电子商务系统的重要组成部分，它的基础是企业内部信息化，即企业建设有内部管理信息系统。企业管理信息系统是一些相关部分的有机整体，在组织中发挥收集、处理、存储和传送信息，以及支持组织进行决策和控制。企业管理信息系统最基本的系统软件是数据库管理系统（Database Management System，DBMS），它负责收集、整理和存储与企业经营相关的一切数据资料。

从不同角度，可以对信息系统进行不同的分类。根据组织的不同功能，可以将信息系统划分为营销、制造、财务、会计和人力资源信息系统等。要使各职能部门的信息系统能够有效运转，必须实现各职能部门信息化。例如，要使网络营销信息系统能有效运转，营销部门的信息化是最基础的要求。一般为营销部门服务的营销管理信息系统的主要功能包括客户管理、订货管理、库存管理、往来账款管理、产品信息管理、销售人员管理，以及市场有关信息收集与处理。

根据组织内部的不同组织层次，企业管理信息系统可划分为 4 种信息系统：操作层、知识层、管理层、战略层系统。操作层支持日常管理人员对基本经营活动和交易进行跟踪和记录，如销售、接受、现金、工资、原材料进出、劳动等数据，系统的主要原则是记录日常交易活动，解决日常规范问题，如销售系统中今天销售多少、库存多少等基本问题。知识层系统用来支持知识和数据工作人员进行工作，帮助公司整理和提炼有用的信息和知识。该信息系统可以减少对纸张的依赖，提高信息处理的效率和效用，如销售统计人员进行分析和统计销售情况，供上级进行管理和决策使用，解决的主要是结构化问题。管理层用来为中层经理的监督、控制、决策以及管理活动提供服务，管理层提供的是中期报告而不是即时报告，主要用来管理业务进度及存在的问题等，充分发挥组织内部效用，主要解决半结构化问题。战略层主要注视外部环境和企业内部制订和规划的长期发展方向，关心现有组织能力能否适应外部环境变化，以及企业的长期发展和行业发展趋势问题，这些通常是非结构化问题。

### 3. 多语言电子商务站点

多语言电子商务站点是指在企业在 Intranet 上建设的具有销售功能的，能连接到 Internet 上的 WWW 站点。多语言电子商务站点起着承上启下的作用。一方面，它可以直接连接到 Internet，企业的顾客或者供应商可以直接通过网站了解企业信息，并直接通过网站与企业进行交易。另一方面，它将市场信息同企业内部管理信息系统连接在一起，将市场需求信息传送到企业管理信息系统，然后，企业根据市场的变化组织经营管理活动；它还可以将企业有关经营管理信息在网站上进行公布，使企业业务相关者和消费者可以在网上直接了解企业经营管理情况。

企业多语言电子商务系统是由上述三个部分有机组成的，企业内联网是信息传输的媒介，企业管理信息系统是信息加工、处理的工具，多语言电子商务站点是企业拓展网上市场的窗口。因此，企业的信息化和上网是复杂的系统工程，它直接影响着整个电子商务的发展。

进行网上交易时，如果用户与消费者通过 Internet 订货、付款后，不能及时送货上门，便不能实现满足消费者的需求。因此，一个完整的多语言电子商务系统，如果没有高效的实物配送物流系统支撑，就难以维系交易的顺利进行。

支付结算是网上交易完整实现的重要一环，关系到买方是否讲信用、能否按时支付，卖方能否按时回收资金、促进企业经营良性循环的问题。一个完整的网上交易，支付应是在网上进行的。但由于电子虚拟市场尚处在演变过程中，网上交易还处于初级阶段，诸多问题尚未解决，如信用问题及网上安全问题，导致许多电子虚拟市场交易并不是完全在网上完成交易的，许多交易只是在网上通过了解信息撮合交易，然后利用传统手段进行支付结算。在传统的交易中，个人购物时支付手段主要是现金，即一手交钱一手交货的交易方式，双方在交易过程中可以面对面地进行沟通和完成交易。网上交易是在网上完成的，交易时交货和付款在空间和时间上是分割的，消费者购买时一般必须先付款后送货，既可以采用传统支付方式，亦可以采用网上支付方式。Internet 信息系统保证了电子虚拟市场交易系统中信息流的畅通，它是保证电子虚拟市场交易顺利进行的核心。企业、组织与消费者是网上市场交易的主体，实现其信息化和上网是网上交易顺利进行的前提，缺乏这些主体，多语言电子商务就会失去存在意义，也就谈不上网上交易。多语言电子商务服务商是网上交易顺利进行的手段，它可以推动企业、组织和消费者上网并更加方便地利用 Internet 进行网上交易。实物配送和网上支付是网上交易顺利进行的保障，缺乏完善的实物配送及网上支付系统，将阻碍网上交易的完成。

## 1.2.3　多语言电子商务系统分类

### 1. B2C

适合开展 B2C 多语言电子商务的销售型企业和个体，通过互联网为消费者提供一个新型的购物环境，通过 B2C 网络购物网站建设来减少中间环节从而降低成本和增加效益，这种模式节省了客户和企业的时间和空间，大大提高了交易效率。同时又能有效控制“商场”运营的成本，开辟了一个新的销售渠道。传统企业，特别是具有优势产品的生产企业，通过搭建购物网站，建立运营系统，进行网络营销和推广，提供在线客服和咨询，一方面可以降低生产成本，另一方面还可以将产品以一定的利润销售出去，而消费者则可以购买到低于实体店铺价格且质量有保证的产品。

### 2. B2B

传统的企业间的交易往往要耗费大量资源和时间，无论是销售、分销还是采购都要占用大量成本。通过 B2B 网站的交易方式使买卖双方能够在网上完成整个业务流程，从建立最初印象，到货比三家，再到讨价还价、签单和交货等，最后到客户服务。B2B 使企业之间的交易减少了许多事务性的工作流程和管理费用，降低了企业经营成本。网络的便利及延伸性使企业扩大了活动范围，企业发展跨地区跨国界更方便，成本低廉。

3. C2C

C2C 是一套基于 PHP+MySQL 技术 MVC 架构开发的 Web 电子商务程序。主要功能有：采用了缓存更新处理，积木式查询显示，前台 HTML 模板管理，支持鼠标拖曳排版功能。该系统首页商品和店铺的自助推荐功能，支持拍卖及一口价模式，支持在线充值（CHINABANK），支付宝按钮支付，商品支持多图片、多级分类设置，同时拥有虚拟币、用户收费店铺、商品登陆收费、求购信息平台、新闻发布、广告 JS 管理、友情链接、交易提醒邮件、交易信用评价、站内短信、信息脏话过滤、后台分权限管理等功能，旨在为广大网民朋友提供一个网络公平竞价交易的商务平台。

4. O2O

O2O 的核心形式是线上成交线下交易，目前最主流的 O2O 是团购型网站。O2O 的另一形式是线上宣传，线下付款与成交，此项目主要针对大型或必须详细知道产品质量的行业，如大型机械类。

## 1.2.4 多语言电子商务系统环境

与传统市场一样，多语言电子商务系统在提供交易所必需的信息交换、支付结算和实物配送这些基础服务的同时，还将面临使用信息技术作为交易平台带来的新问题，如信息安全问题、身份识别问题、信用问题、法律问题、隐私问题、税收问题等。此外，多语言电子商务发展还面临着企业、组织与消费者是否愿意上网问题，只有交易双方都上网，才有可能推动网上交易的发展。同时，消费者的习惯往往会影响消费者是否愿意进行网上购物，以及购物时是否愿意使用网上支付手段进行支付。这些都是发展电子商务时必须解决的问题。解决上述问题，必须从外部市场环境着手。对于信用问题、税收问题，需要通过制定相关经济政策进行推进。对于安全问题和身份识别问题，需要通过加强技术进步来保证。对于法律问题和隐私问题，则需要加强与电子商务相关的立法。对于推动消费者上网购物，则需要全社会参与和引导。因此，发展多语言电子商务是一项系统性的工程，它需要企业主导、政府引导和社会参与。

## 1.2.5　多语言电子商务系统功能

### 1. 多语言电子商务系统的基本功能

企业通过实施多语言电子商务实现企业经营目标，需要多语言电子商务系统能提供网上交易和管理等全过程的服务。因此，多语言电子商务系统应具有广告宣传、咨询洽谈、网上订购、网上支付、电子账户、服务传递、意见征询、业务管理等各项功能。

**1）多语言电子商务系统网上订购**

多语言电子商务可借助 Web 中的邮件或表单交互传送信息，实现网上订购。网上订购通常都在产品介绍的页面上提供十分友好的订购提示信息和订购交互格式框。当客户填完订购单后，通常系统会回复确认信息来保证订购信息的收悉。订购信息也可采用加密的方式使客户和商家的商业信息不会泄露。购物车就和现实中的超市篮子一样，方便一次性付款。

**2）多语言电子商务系统货物传递**

对于已付款的客户，应将其订购的货物尽快地传递到他们的手中。若有些货物在本地，有些货物在异地，可通过电子邮件在网络中进行物流的调配。而最适合在网上直接传递的货物是信息产品，如软件、电子读物、信息服务等。另外，它也能直接从电子仓库中将货物发到用户端。

**3）多语言电子商务系统咨询洽谈**

可通过非实时的电子邮件、新闻组和实时的讨论组来了解市场和商品信息，洽谈交易事务，如有进一步的需求，还可用网上的白板会议来交流即时的图形信息。网上的咨询和洽谈能突破人们面对面洽谈的限制，提供多种方便的异地交谈形式。

**4）多语言电子商务系统网上支付**

多语言电子商务要成为一个完整的过程，网上支付是重要的环节。客户和商家之间可采用多种支付方式，省去交易中很多人员的开销。网上支付需要更为可靠的信息传输安全性控制，以防止欺骗、窃听、冒用等非法行为。

**5）多语言电子商务系统电子银行**

网上的支付需要有电子金融支持，即银行、信用卡公司等金融单位要为金融服务提供网上操作的服务。

**6）多语言电子商务系统广告宣传**

多语言电子商务可凭借企业的 Web 服务器和客户的浏览，在 Internet 上发布各类商业信息。客户可借助网上的检索工具迅速地找到所需商品信息，而商家可利用网页和电子邮件在全球范围内做广告宣传。与以往的各类广告相比，网上的广告成本最低廉，而给顾客的信息量却最丰富。

**7）多语言电子商务系统意见征询**

多语言电子商务能十分方便地采用网页上的“选择”“填空”等格式文件来收集用户对销售服务的反馈意见。这样，使企业的市场运营能形成一个封闭的回路。客户的反馈意见不仅能提高售后服务的水平，更能使企业获得改进产品、发现市场的商业机会。

**8）多语言电子商务系统业务管理**

企业的整个业务管理将涉及人、财、物多个方面，如企业和企业、企业和消费者及企业内部等各方面的协调和管理。因此，业务管理是涉及商务活动全过程的管理。

### 2. 多语言电子商务平台安全问题

多语言电子商务平台存在以下安全问题。

**1）网络信息安全方面**

（1）服务器的安全问题。电子商务服务器是多语言电子商务的核心，包含大量的与电子商务有关的软件和商家信息，并且服务器上的数据库里有多语言电子商务活动过程中的一些保密数据。因此，服务器特别容易受到安全的威胁，一旦出现安全问题，造成的后果也非常严重。

（2）网络信息的安全问题。非法用户在网络的传输上使用不正当手法，非法拦截会话数据获得合法用户的有效信息，最终导致合法用户的一些核心业务数据泄露；非法用户会对截获的网络数据进行一些恶意篡改，如增加、减少和删除等操作，从而使信息失去真实性和完整性，导致合法用户无法正常交易；还有一些非法用户利用截获的网络数据包再次发送，恶意攻击对方的网络硬件和软件。

（3）网络安全中的病毒问题。Internet 的出现为计算机病毒的传播提供了最好的媒介，不少新病毒直接以 Internet 作为自己的传播途径，计算机病毒问世多年来，各种新型病毒及其变种迅速增加，不少新病毒直接以 Internet 作为自己的传播途径，还有众多病毒借助于 Internet 传播得更快，如何在多语言电子商务领域有效防范病毒也是一个十分紧迫的问题。

**2）电子商务交易方面**

（1）交易身份的不确定性。多语言电子商务是一种全球的商业贸易活动，是在开放的网络环境下，基于浏览器/服务器应用方式，在买卖双方不谋面的情况下进行各种商贸活动，实现消费者的网上购物、商户之间的网上交易和在线电子支付以及各种商务活动、交易活动、金融活动和相关的综合服务活动。正是基于这个特点，攻击者可以通过非法的手段盗窃合法用户的身份信息，仿冒合法用户的身份与他人进行交易。

（2）交易协议安全性问题。企业和用户在电子交易过程中的数据是以数据包的形式来传送的，恶意攻击者很容易对某个电子商务网站展开数据包拦截，甚至对数据包进行修改和假冒。TCP/IP 协议建立在可信的环境之下，缺乏相应的安全机制，这种基于地址的协议本身就会泄露口令，根本没有考虑安全问题；TCP/IP 协议是完全公开的，其远程访问的功能使许多攻击者无须到现场就能够得手，连接的主机基于互相信任的原则等这些性质使网络更加不安全。

因此，在开发一个多语言电子商务项目时，同时也要为开发的多语言电子平台制定一个安全规划。一个设计良好的安全规划将能够在解决安全问题方面对多语言电子商务平台提供帮助。制定安全规划的工作步骤包括几个方面。比如，对多语言电子商务平台安全风险进行评估；分析多语言电子商务平台的安全需求；定义多语言电子商务平台安全规划的范围；建立项目小组以设计和实施安全规划；制定多语言电子商务平台的安全策略；制定多语言电子商务平台的安全方案；评估安全方案的代价和优点；实施和测试安全规划。

### 1.2.6 多语言电子商务系统 EC 与 ERP 对接

随着产业结构的调整，企业信息化的推进，中小企业已经拥有或正逐步建立属于自己的网上商城系统和 ERP 系统。但目前国内中小企业在电子商务和 ERP 系统建设中进销存软件仍存在诸多问题，如商城系统与 ERP 系统分裂，没有统一规划和设计；两个系统下的采购数据、销售数据和财务数据不能够进行整合，整体数据欠缺一致性和完整性；软件、硬件无法充分共享，造成资源浪费等。

对于企业来说，多语言电子商务平台和 ERP 系统就像战场上的前线与后方，两者关系密切、息息相关。比如，企业内部通过网上商城获取用户订单后，能够立刻将订单信息传递至内部的 ERP 系统，用于采购、计算、财务、进销存软件等各部门之间的组织协调，核算库存、资金和销售。倘若前端商城系统与后台 ERP 系统脱节，就会导致信息流和数据相对封闭、独立，无法流通、整合，多语言电子商务平台获得的订单信息、市场信息无法传递至后台 ERP 系统，前后台信息完全脱节。这样的后果便是企业的信息流、资金流、物流不能够有机统一，数据的一致性、完整性和准确性在进销存软件中不能得到保证，中小企业内部重复着冗余的工作，不能对用户需求做出迅速及时的响应，工作效率下降、运营成本上升，有百害而无一利。所以，企业的多语言电子商务网上商城和 ERP 系统的整合对接迫不及待、不容忽视。另外，进销存软件通过 ERP 系统与多语言电子商务平台整合对接，可以降低运营成本、提高工作效率，对企业整体来说具有很强的竞争力。有些软件产品可进行商品信息、会员信息、仓库和库存、订单等内容的同步管理，达到统一管理配置、简化用户操作、提高工作效率、为企业创造价值的目标。

## 1.3　多语言电子商务平台的特点

多语言电子商务平台，不仅是商务活动中各参与方和支持企业进行交易活动的电子技术手段的集合，也是指企业、消费者、银行、政府等在 Internet 和其他网络的基础上，以实现企业多语言电子商务活动为目标，满足企业生产、销售、服务等生产和管理的需要，支持企业的对外业务协作，从运作、管理和决策等层次全面提高企业信息化水平，为企业提供具备商业智能的计算机网络系统。多语言电子商务平台有其自身的优缺点。

### 1. 优势

（1）多语言电子商务平台将传统的商务流程多语言化、电子化、数字化，一方面以电子流代替了实物流，可以大量减少人力、物力，降低成本；另一方面突破了时间和空间的限制，使得交易活动可以在任何时间、任何地点进行，从而大大提高了效率。

（2）多语言电子商务平台所具有的开放性和全球性的特点，为企业创造了更多的贸易机会。

（3）多语言电子商务平台使企业可以以相近的成本进入全球电子化市场，使得中小企业有可能拥有和大企业一样的信息资源，提高了中小企业的竞争力。

（4）多语言电子商务平台重新定义了传统的流通模式，减少了中间环节，使得生产者和消费者的直接交易成为可能，从而在一定程度上改变了整个社会经济运行的方式。

（5）多语言电子商务平台一方面破除了时空的壁垒，另一方面提供了丰富的信息资源，为各种社会经济要素的重新组合提供了更多的可能，这将影响到社会的经济布局和结构。

（6）通过 Internet，商家之间可以直接交流、谈判、签合同，消费者也可以把自己的建议反馈给企业或商家的网站，而企业或者商家则要根据消费者的反馈及时调查产品种类及服务品质，做到良性互动。

2. 缺陷

**1）网络自身有局限性**

许多消费者都反映在网上实际购得的商品不是在网上看中的商品。这是怎么回事呢？其实，在把一件立体的实物缩小许多变成平面画片的过程中，商品本身的一些基本信息会丢失，输入计算机的只是人为选择商品的部分信息，人们无法从网上得到商品的全部信息，尤其是无法得到对商品的最鲜明的直观印象。在这一模式上，只有依靠网站的制作和网页设计人员对网页把握更好的模式，向消费者展示商品。

**2）搜索功能不够完善**

当网上购物时，用户面临的一个很大的问题就是如何在众多的网站中找到自己想要的物品，并以最低的价格买到。搜索引擎看起来很简单：用户输入一个查询关键词，搜索引擎就按照关键词到数据库中去查找，并返回最合适的 Web 页链接。这主要不是由于技术原因，而是由于在线商家希望保护商品价格的隐私权。因此当用户在网上购物时，需要在众多网站或者页面中去搜寻，直到找到价格满意的物品。

**3）交易的安全性得不到保障**

多语言电子商务平台的安全问题仍然是影响多语言电子商务发展的主要因素。由于 Internet 的迅速崛起，多语言电子商务引起了广泛的注意，被公认为未来 IT 业最有潜力的新的增长点。然而，在开放的网络上处理交易，保证传输数据的安全成为多语言电子商务普及的重要的因素之一。调查公司曾对多语言电子商务的应用前景进行过在线调查，当问到为什么不愿意在线购物时，绝大多数的人担心的问题是遭到黑客的侵袭而导致信用卡信息丢失。因此，有一部分人或企业因担心安全问题而不愿使用多语言电子商务，安全成为多语言电子商务平台发展的最大障碍。多语言电子商务平台的安全问题其实也是人与人之间的诚信问题，和现实商业贸易相似，均需双方的共同协作和努力。多语言电子商务平台的未来，需要所有网民的共同协作。

**4）多语言电子商务平台的管理还不够规范**

多语言电子商务平台的多姿多彩给世界带来全新的商务规则和方式，这更加要求在管理上做到规范，这个管理的概念应该涵盖商务管理、技术管理、服务管理等多方面，因此要同时在这些方面达到一个比较令人满意的规范程度，不是轻而易举的。另外，多语言电子商务平台的前后端相一致也是非常重要的。前台的 Web 平台是直接面向消费者的，是多语言电子商务的门面。而后台的内部经营管理体系则是完成多语言电子商务的必备条件，它关系到前台所承接的业务最终能不能得到很好的实现。一个完善的后台系统更能体现一个多语言电子商务公司的综合实力，因为它将最终决定提供给用户的是什么样的服务，决定多语言电子商务平台的管理是不是有效，决定多语言电子商务公司最终能不能实现盈利。

**5）税务问题**

税务（包括关税和税收）是一个国家重要的财政来源。多语言电子商务的交易活动是在没有固定场所的国际信息网络环境下进行的，造成国家难以控制和收取电子商务的税金。

**6）标准问题**

各国的国情不同，多语言电子商务平台的交易方式和手段当然也存在差异。我们要面对无国界、全球性的贸易活动，因此需要在多语言电子商务平台交易活动中建立相关的、统一的国际性标准，以解决多语言电子商务平台活动的互操作问题。

**7）配送问题**

配送是让商家和消费者都很伤脑筋的问题。网上消费者经常遇到交货延迟的现象，而且配送的费用很高。业内人士指出，国内缺乏系统化、专业化、全国性的货物配送企业，配送销售组织没有形成一套高效、完备的配送管理系统，毫无疑问影响了人们的购物热情。

**8）知识产权问题**

在由多语言电子商务平台引起的法律问题中，保护知识产权问题首当其冲。由于计算机网络上承载的是数字化形式的信息，因而在知识产权领域（专利、商标、版权和商业秘密等），版权保护的问题尤为突出。

**9）多语言电子合同的法律问题**

一方面，电子合同存在容易编造、难以证明其真实性和有效性的问题；另一方面，现有的法律尚未对电子合同的数字化印章和签名的法律效力进行规范。

**10）多语言电子证据的认定**

信息网络中的信息具有不稳定性或易变性，这就造成了信息网络发生侵权行为时，锁定侵权证据或者获取侵权证据难度极大，对解决侵权纠纷带来了较大的障碍。如何保证在网络环境下信息的稳定性、真实性和有效性，是有效解决多语言电子商务平台中侵权纠纷的重要问题。

**11）其他细节问题**

网上商店服务的地域差异大；在线购物发票问题大；网上商店对订单回应速度参差不齐；多语言电子商务方面的法律，对参与交易各方的权利和义务还没有进行明确细致的规定。

## 1.4　多语言电子商务平台的交易流程

不同类型的多语言电子商务平台的交易，虽然都包括以商情沟通、资金交付、商品配送为核心的三个阶段，但流程却有所不同，对于 Internet 商业来讲，目前基本上可以归纳为两种：网络商品直销、网络商品中介交易。网络商品的直销是指商品需求方和供应方（也可指消费者和生产者）直接利用网络做买卖，排除批发、代理等中间环节，通常为 B2C 电子商务模式。这种交易的最大特点是直接见面，环节少、速度快、费用低。网络商品直销过程分为六步：

（1）消费者进入 Internet，查看企业和商家的网页；

（2）消费者通过购物对话框填写购物信息，如姓名、地址、选购商品名称、数量、规格、价格；

（3）消费者选择支付方式，如信用卡、电子货币、电子支票、借记卡等；

（4）企业或商家的客户服务器检查支付方服务器，看汇款额是否被认可；

（5）客户服务器确认消费者付款后，通知销售部门送货上门；

（6）消费者的开户银行将支付款项传递到信用卡公司，信用卡公司开出收费单。

网络商品中介交易是通过网络商品交易中心，即虚拟网络市场进行的。在整个过程中，交易中心以互联网为基础，将商品供应商、采购商和银行紧密地联系起来，为客户提供市场信息、商品交易、仓储配送、贷款结算等全方位服务。网络商品中介交易过程可分为四步：

（1）买卖双方将供需信息从网上告诉网络商品交易中心，交易中心向参与者发布大量的、详细的交易数据和市场信息。

（2）买卖双方根据这些信息选择自己的贸易伙伴，交易中心从中撮合，促使买卖双方签订合同。

（3）买方在交易中心指定的银行办理转账付款手续。

（4）交易中心设在各地的配送部门将卖方的货物送交买方。

## 1.5　多语言电子商务平台的作用

多语言电子商务建设的最终目的是发展业务和多语言电子商务平台选择应用。目前 Internet 上商家不少，但由于缺乏相应的安全保障、支付手段和管理机制，一方面网上商家以一种无序的方式发展，造成重复建设和资源浪费，另一方面商家业务发展比较低级，很多业务仅以浏览为主，需通过网外的方式完成资金流和物流，不能充分利用 Internet 无时空限制的优势。因此，有必要建立一个业务发展框架系统，规范网上业务的开展，提供完善的网络资源、安全保障、安全的网上支付和有效的管理机制，有效地实现资源共享，实现真正的电子商务。

现代电商企业越来越重视仓储物流环节的增值和控制，一个高效的仓储中心是取得竞争优势和获得更高利润的关键。客户对这些大型仓储与配送中心的作业效率、准确率、响应速度、作业量等提出了更高的要求。为了保持竞争力，企业必须不断努力达到用户的期望，改造现有业务与流程，通过科学的分析、规划、设计，根据不同企业各自的物流特点设计出合理的仓储规模、布局及配送方案，这个解决方案应该是安全可靠的、经过客户验证的、性能价格比高的，同时能够为单一或多个用户提供完整的仓储和订单管理功能。对于电商仓库从业人员来说，仓库拣货慢、事情烦琐一直为人诟病，单据打印、货物调拨、拣货发货、退货补货等环节都困扰着仓库工作的正常开展。电商仓储管理系统涵盖订单处理、库存控制、基本信息管理、货物流管理、信息报表、收货管理、拣选管理、盘点管理、移库管理、打印管理和后台服务系统。用户可以通过后台服务程序实现同一客户不同订单的合并和订单分配，并对基于RF、纸箱标签方式的上架、拣选、补货、盘点、移库等操作进行统一调度和下达指令，同时实时接收来自RF和终端计算机的反馈数据。电商仓储管理与电商企业仓库物流管理各环节吻合，实现了对库存商品管理实时有效的控制。

多语言电子商务平台所具备的一些特点，比如直接面向消费者，需要仓库能够非常精准地按照客户订单进行拣选打包，对仓储物流的订单生产效率及准确性方面要求都非常高。传统行业中，仓储物流的服务对象主要是门店，相比之下，配送给门店的拣货准确性方面没有电商行业的苛刻。同时，对各门店的配送频率、配送时间、退货时间等，基本都是预先计划好的；各门店下单要货的商品以及数量方面，也与电商客户有很大的差别。这些差异，对仓储物流内部的细节操作，都将产生很大的影响。需要根据各自情况，进行相应规划、优化和运营。Made4net-WMS系统已帮助众多知名电商企业完成仓库管理优化升级，尤其是在“双11”等高峰期确保仓库运行顺畅高效，帮助企业提升管理效率和业绩。如入库上架管理，电商企业重在“通过”而非

“储藏”，理论上说，货物的周转率越高越好，入库量应与出库量基本持平，实现快进快出。同时在拣货时，根据电商行业的订单特性，要做到快出，需要对订单进行分类分批次拣货生产。拣货，从大类上看主要有摘果法和播种法两种，但实际运营操作上可能是其中的某种方式或两种方式的组合。

## 1.6　多语言电子商务平台的发展现状及商业模式

当前，中国进入重要转型期，转变发展方式是中华民族复兴和现代化道路上，继社会制度转型、经济体制转轨之后面临的又一历史性重任。加快发展方式转变是解决我国经济发展中一系列深层次矛盾和问题的战略选择，是当前和今后相当长一个时期国家全局性的重大任务。以多语言电子商务为代表的信息生产力在推动发展方式转变中，作用尤为突出，责任尤为重大，成为经济增长的“倍增器”、发展方式的“转换器”、产业升级的“助推器”。未来十年，电子商务将对中国经济发展产生重大影响，在扩内需、稳出口、调结构、转方式、提升信息生产力水平、促进前沿技术和基础研究，以及惠民生、促和谐等诸多方面，多语言电子商务必将发挥非常重要的作用，值得国家在战略层面予以大力推动。

**1. 多语言电子商务迅速发展，对生产-交易方式产生重大影响**

首先，多语言电子商务促进了中小型企业的发展。多语言电子商务服务平台为中小企业提供了产品展示平台、国内外贸易信息、互联网营销甚至小额信贷等多种服务，使得中小型企业能以更低的成本开拓市场，在国内和国外两个市场获得与大企业同台竞技的机会。以阿里巴巴 B2B 平台为例，21.76%的中小企业获得了超出传统营销方式下平均水平 237 倍的交易额，59.35%的中小企业获得了超出平均水平 170 倍的交易额。同时，多语言电子商务平台把大量原来本地化的经营者带进了一个全国性甚至全球性的市场。目前我国涌现出大量依托多语言电子商务平台进行交易的个体、微型、小型企业。我国 74%的中小企业接触过电子商务，超过 60%的中小企业认可电子商务的作用。

其次，多语言电子商务促进了新经济活动的出现、新参与者的发展。基于Internet的经济活动催生出大量新的行业，例如，为多语言电子商务活动提供服务的技术、工程和咨询行业等；分工细化还催生出一批新职业，如专门为消费者提供网上中介服务的“淘宝客”，为网购产品提供模特服务的“麻豆”，以及为网店提供设计服务的“店铺美容师”等。更重要的是，多语言电子商务平台带动了农村地区的工业化。平台型电子商务服务商的出现，为农民提供了高效廉价的信息平台、网络销售支持、融资支持和配套的物流体系，从而增强了农户与市场的连接，使农民获得了更强的商业能力和商业自由，为农村经济发展开辟了全新的思路。全国各地涌现出农民依托Internet创业的热潮。最初农民只是通过网络销售原有的特色优势农产品，但自2009年以来，部分农民网商已经逐渐开始联合当地工厂，采取自加工、委托加工、代理销售等多种形式，生产和销售具有特色优势的工业产品。多语言电子商务带动农村地区的加工业逐步由个别网商扩展到村、镇、县的大规模网商工业聚群，如江苏省睢宁县沙集镇的家具聚群、浙江省义乌市青岩刘村的小商品网商聚群等。以沙集家具聚群为例，该镇不到5000的人口规模，在2010年就兴起了约1000家网店，依托各类电子商务平台销售了3亿元的家具产品，并拉动了配套服务业和周边地区的发展，还带动了电信和银行等服务机构大规模进驻乡镇和周边农村地区。

最后，多语言电子商务助推传统工业的升级与创新。多语言电子商务服务有助于本土工业采用大规模定制与柔性制造模式，建立独特的市场竞争优势。有竞争力的本土企业能整合大量消费者和供应商的信息，在不改变总体成本优势的前提下，根据多样化的顾客需要提供高质量的定制产品。例如，迈众（制鞋）和麦包包（皮具）这样的厂商，就通过依托电子商务的大规模柔性化定制，成功地缩短了新产品推出的周期，提高了利润率，实现了我国传统行业从依赖出口的简单低成本加工模式向内向型发展模式的转变。

此外，多语言电子商务促进了中西部的发展。多语言电子商务弱化了传统交易的时间和空间局限，为受地域限制的地区提供了更多交易机会，同时也大大减少了不同地区交易者互动交流的成本，极大地促进了跨地区的经济活动。

### 2. 电子商务服务业支撑了多语言电子商务的迅速发展

多语言电子商务作为一种新的交易方式，存在于Internet形成的信息空间，依靠多种语言平台和现代交通体系所承载的现代物流，更重要的是，它还必须依靠专业交易平台、支付系统和信用服务等一系列的专业服务。电子商务服务业与多语言电子商务相伴相生，已从工业时代的专门渠道，开始向社会化、一体化服务模式转变，并逐渐发展成为多语言电子商务参与者提供从软件、设计、整体网络平台到咨询、安全、金融支付、计算、物流等一系列服务的综合平台，极大地改变了人们的消费行为、企业的组织形态和社会创造价值的方式，已广泛地渗透到生产、流通、消费、服务等各个领域。多语言电子商务服务平台在事实上已经成为信息时代最具代表性的商业基础设施，多语言电子商务服务业成为信息时代最重要的服务业态之一。

**1）多语言电子商务服务业极大地提高了全社会的经济效率**

多语言电子商务服务业可以为参与者提供网络载体建设和技术维护等支持，为运营者节省时间成本。借助多语言电子商务服务平台上先进的信息技术和系统的数据分析，多语言电子商务服务使企业可以实现产品的准确定位，与工厂实现高效的互动，节省了销售成本和渠道成本。信息的迅速传递、产销之间高效的互动和专业化的物流和资金支付等服务还有助于企业组织结构与产业链的扁平化，降低物流与资金周转的成本。同时，多语言电子商务平台为交易各方建立了公开透明的信用记录机制，使相应的经济活动发展成为“信用经济”，很好地为经济活动提供了润滑剂。

**2）多语言电子商务服务业改变了就业与创业格局**

多语言电子商务服务业的发展促进了多语言电子商务的发达，支持了中小企业的发展，拉动了就业。同时，多语言电子商务的低进入门槛和低创业成本，为大学毕业生、农村青年、下岗工人等群体提供了创业契机。可以说，多语言电子商务服务业在拉动就业方面成效显著。以阿里巴巴为例，早在2010

年年底，阿里巴巴 B2B 平台中小企业专业电子商务人员已达 1520 万人；2011 年，淘宝创造直接就业机会 270.8 万个（其中帮助 2.034 万残障人士实现在淘宝上就业），带动间接就业超过 772 万人；淘宝网电子商务营销服务业带来 Internet 新型就业 2 年内参与人员超过 50 万人，提供就业岗位 10 万个以上；淘宝 IT 服务业就业人员超过 3 万人；电子商务带动第三方物流就业约 40 万人。如今，多语言电子商务服务业不仅拉动了一大批经济的发展，更是兼顾不同语言的平台进行交易，使得范围更广。

**3）多语言电子商务服务业改变了创新模式**

创新来源于知识的产生、传播、整合和应用，而大容量信息处理平台和高速信息传输网络是促进创新的重要基础设施。基于 Internet 的电子商务服务平台，成为生产者、消费者、各类专业服务者等多种主体有效交流互动的平台，并已发展出系统性的数据处理手段，在促进创新特别是商业模式创新方面发挥越来越重要的作用。多语言电子商务服务平台通过收集、处理和分发海量的与消费者、产业链合作者相关的数据，不但能帮助企业高效地处理内部工作，还能使产业链不同环节的企业达成新的“自发式”的协作方式，使生产者与用户对产品的定义、开发甚至定价等问题形成新的互动模式，从而形成有效的创新网络。

基于多语言电子商务来搭建新的创新网络对于转变发展方式尤其重要。长期以来，我国依赖出口的低成本加工企业接受的都是由跨国公司或海外客户给定的需求信息，在与多元协作者及用户的互动中缺乏能力和主动权，在全球产业链中是被整合的对象，因而面临附加值低、产业升级困难的瓶颈。而强健的本土电子商务服务平台增强了本土企业与用户紧密互动的能力，使得本土企业更有可能根据国内外市场特别是本土市场的需求进行新产品定义、技术集成，提高参与全球分工的主动性，提高产品的附加值。

### 3. 信息空间和 Internet 生态平台争夺成为国际战略竞争焦点

当今时代，高度发达的“网络化”已使全世界变成一个小小的“地球村”，网络空间已成为各国政府、军队、企业及人们文化生活等众多领域的基本依仗。随着社会的日益网络化，网络的触角无处不在，获取和控制网络海量数据已成为世界各国在未来 20 年争夺信息社会控制权的重要战略手段。把握信息化发展的方向、维护国家在网络空间的安全和利益成为信息时代的重大战略课题。

早在 2011 年 10 月发布的 KPCB《Internet 趋势报告》就指出，全球 Internet 企业 25 强，美国和中国分别有 14 家和 6 家位列其中，已初步形成中美两强的竞争格局。我们看到，欧洲人在蒸汽机时代曾抓住机遇，发展出一大批代表先进生产力的世界级企业；但在 Internet 时代，他们正逐渐被边缘化。Internet 平台企业在全球竞争中将成为决定国运的重要砝码。美国在培育全球范围 Internet 平台方面拥有着领先全球的长远见识，积极发展起如苹果、谷歌、亚马逊等一批世界级 Internet 企业。未来，没有这样的重量级的先进企业做支撑，即使靠传统产业像产油国家那样获得一时的繁荣，也必将是不可持续的。在我国，以阿里巴巴集团打造的电子商务平台为代表，中国电子商务生态已经形成了一定的规模效应。阿里巴巴电子商务平台体系是中国唯一能够在全球范围内在信息空间/Internet 生态平台领域与美国的争夺中具有“比较优势”，能够保持话语权、控制权、规则制定权的领域，是有着典型代表性的行业。

## 1.7 多语言电子商务岗位和职业素养

进入 21 世纪之后，Internet 的发展呈现出喷井式发展，并迅速在全国范围内普及开来。由于 Internet 之中结合了海量的信息和丰富的内容，并且载体相对新颖，因此越来越多的人员被它所深深吸引。发展到现在，人们已经无法离开 Internet，并将 Internet 逐渐视为自己生活的一部分，这种默许也成为 Internet 将多语言电子商务平台融合在一起的契机。多语言电子商务平台本身作为一种改变人们生活方式的发展模式，它与 Internet 相结合之后，发展更加迅猛，使得人们更加自由，能够不分时间、地点地查询自己所感兴趣的领域，更加方便地从事社会活动。网上商城是多语言电子商务的一种具体形式，企业通过 Internet 开设网上商城，消费者通过网络浏览商品信息或购买商品。这种经营模式要求网站页面具有动态更新功能，对工作人员的专业素养及与用户的交互性要求较高才行。

### 1. 岗位要求

（1）根据公司营销目标，制订整体发展规划和年度计划；精通网络营销模式及电子商务策略，具有实际操作运营经验，熟悉网络推广渠道、运作模式、交易规则，精通商城运营管理，有着优秀的战略意识。

（2）分析市场需求，依据公司品牌和产品特点，进行网络营销和电子商务方案制订、策划，同时进行网络营销秩序维护。

（3）对公司网络营销和电子商务业务流程进行整合，规范业务模式，参与设计解决方案，解决网络营销过程中遇到的各种问题。

（4）整合网络营销客户和渠道，开展各项合作，定期维护客户关系，促进互动与销售。

（5）熟悉搜索引擎优化，善于整合网络各种手段，实现降低推广成本，进行有效的销售。

### 2. 职业素养

**1）忠于职守，坚持原则**

各行各业的工作人员，都要忠于职守，热爱本职工作。这是职业道德的一条主要规范。作为电子商务师，忠于职守就是要忠于电子商务师这个特定的工作岗位，自觉履行电子商务师的各项职责，认真辅助领导做好各项工作。电子商务师要有强烈的事业心和责任感，坚持原则，注重社会主义精神文明建设，反对不良思想和作风。

**2）兢兢业业、吃苦耐劳**

电子商务师的工作性质决定了从业人员不仅要在理论上有一定的造诣，还要具有实干精神。能够脚踏实地、埋头苦干、任劳任怨；能够围绕电子商务开展各项活动，招之即来，来之能干。在具体而紧张的工作中，能够不计个人得失，有着吃苦耐劳甚至委曲求全的精神。

**3）谦虚谨慎、办事公道**

电子商务师要谦虚谨慎、办事公道，对领导、对群众都要一视同仁，秉公办事，平等相待。切忌因人而异、亲疏有别，更不能趋附权势。只有谦虚谨慎、公道正派的电子商务师，才能做到胸襟宽阔，在工作中充满朝气和活力。

**4）遵纪守法、廉洁奉公**

遵纪守法、廉洁奉公是电子商务师职业活动能够正常进行的重要保证。遵纪守法指的是电子商务师要遵守职业纪律和与职业活动相关的法律、法规，遵守商业道德。廉洁奉公是高尚道德情操在职业活动中的重要体现，是电子商务师应有的思想道德品质和行为准则。它要求电子商务师在职业活动中坚持原则，不利用职务之便或假借领导名义谋取私利，不搞你给我一点“好处”，我回报你一点“实惠”的所谓“等价交换”。要以国家、人民和本单位整体利益为重，自觉奉献，不为名利所动，以自己的实际行动抵制和反对不正之风。

**5）恪守信用、严守机密**

电子商务师必须恪守信用，维护企业的商业信用，维护自己的个人信用。要遵守诺言，遵守时间；言必信，行必果。在商务活动中，电子商务人员应当严格按照合同办事。通过网络安排的各种活动，自己要事先做好准备工作，避免因个人的疏忽对工作造成不良影响。严守机密是电子商务师的重要素质。电子商务师的一个显著特点是掌握的机密特别是商业机密较多。因此，要求电子商务师必须具备严守机密的职业道德，无论是上机操作还是文字工作都要严格遵守国家的有关保密规定，自觉加强保密观念，防止机密泄露。发现盗窃机密的行为和盗窃机密的不法分子，应做坚决斗争，并应及时报告公安、保密部门。

**6）实事求是、工作认真**

电子商务师要坚持实事求是的工作作风，一切从实际出发，理论联系实际，坚持实践是检验真理的唯一标准。电子商务师工作的各个环节都要求准确、如实地反映客观实际，从客观存在的事实出发。电子商务师无论是搜集信息、提供意见、拟写文件，都必须端正思想，坚持实事求是的原则。在工作中，切忌主观臆断、捕风捉影，分析问题必须从客观实际出发。

**7）刻苦学习、勇于创新**

电子商务师工作头绪繁多、涉及面广，要求电子商务师有尽可能广博的知识，做一个“通才”和“杂家”。现代社会科学技术的发展突飞猛进，知识更新速度加快，因此，电子商务师应该具有广博的科学文化知识，以适应工作的需要。作为电子商务师，对自身素质的要求应更严格、更全面，甚至更苛刻一些。是否具有良好的素质，对于做好电子商务师工作是一个非常重要的问题，也是评价电子商务师是否称职的基本依据。因此，电子商务师必须勤奋学习、刻苦钻研，努力提高自身的思想素质和业务水平。现在各行各业的劳动者都在破除旧的观念，勇于开创新的工作局面，作为复合型人才的电子商务师更应具有强烈的创新意识和精神。要勇于创新，不空谈、重实干，在思想上是先行者，在实践上是实干家，不断提出新问题，研究新方法，走出新路子。

**8）钻研业务、敬业爱岗**

从发展的角度看，电子商务师必须了解和熟悉与自身职业有直接或间接关系的领域中取得的新成果，才能更好地掌握电子商务师工作的各项技能。电子商务师要根据自身分工的不同和形势发展的需要，掌握电子商务交易所需要的技能，如计算机技能、网络技能、网络营销技能、电子支付技能等。这些技能都必须随着电子商务技术的发展和自身工作的需要，在实践中不断地学习和提高。同时，电子商务师应掌握电子商务交易中的各种管理知识，将网络技术与商业管理结合起来，提高企业应用电子商务的能力，促进企业经济效益的提高。以上都是基本的商业生存守则，对于电子商务这个行业来说，学会运用电子手段是必备的要求，面对网络，大家都像隔着一层纱一样，你看不见我，我摸不到你，自然对对方的信任度就会降低，这个时候需要销售人员的耐心接触以及细心的指导，让客户从陌生到熟悉，从紧张到放松。

# 第 2 章

# 多语言电子商务平台开发技术

## 2.1 电子商务平台核心技术

电子商务是商务与信息技术（电子技术、网络技术、通信技术）的结合，商务的发展为各种技术的应用与发展提供了广阔舞台，技术的发展又有力地促进了电子商务的产生和发展，成为推动电子商务发展的动力。电子商务是随着 IT 技术的发展而发展起来的，每一项技术突破，都会给电子商务带来很大的影响，使商务活动发生根本性的变化。Internet 的出现，使得网上信息的发布成为可能；现代安全技术、支付技术的发展与提高，催生了网上银行、网上证券、网上保险等新兴的业务；现代无线技术的突飞猛进，又使得无线互联、随时传送信息成为可能，从而塑造出新的商业模式——移动商务，实现诸如移动新闻、天气预报、股票信息、电子邮件、一体化邮箱，以及传真、移动银行、移动办公、订票业务、娱乐、游戏、交友等服务，重构电子商务的生态系统，形成无线领域的广阔商务。由此可见，技术是电子商务发展的强大引擎。现代电子商务，因为有了 Internet 及其相关技术的支持，才拥有交易速度快、成本低、联系方便、交易信息丰富多彩等优势，离开技术，也就失去了这一切。但是应该注意到，在强调技术的同时，我们不要忘记商务才是根本，追求利润、讲求效益是电子商务的第一目标，无论技术多么先进、系统多么完备，若不能创造效益，这种电子商务都必定要失败。

电子商务平台的本质是商务，以商务为本，一切电子化的技术都是手段；同时也应该看到，在技术引力的作用下，电子商务平台实现的基础是各类电子商务系统，电子商务平台中涉及的核心技术有计算机网络和通信技术、电子商务安全技术、电子商务支付技术、电子商务开发技术等。

**1. 计算机网络和通信技术**

从前面的分析可以看到：电子商务平台是在网络基础上，利用现代 IT 支持企业电子商务活动的计算机信息系统。Internet 是一个建立在网络互联基础上的最大的、开放的全球性网络。所有采用 TCP/IP 协议的计算机都可连接 Internet，实现相互通信与信息资源共享。如今，Internet 已在世界范围内得到了广泛的普及与应用，并正在迅速地改变人们的工作方式和生活方式。

生活中常见的通信方式有以下几种：

（1）万维网（World Wide Web，WWW）是 Internet 上集文本、声音、图像、视频等多媒体信息于一身的全球信息资源网络，是 Internet 的重要组成部分。用户通过浏览器搜索和浏览自己感兴趣的网页信息。浏览器是一个客户端的程序，其主要功能是使用户获取 Internet 上的各种资源。常用的浏览器有 Microsoft 的 Internet Explorer（IE）和谷歌等。

（2）电子邮件 E-mail 是 Internet 上使用最广泛的一种服务。用户在计算机上安装具有能收发电子邮件的程序，与 Internet 连接后，申请个人的 E-mail 邮箱地址，就可以与 Internet 上具有 E-mail 地址的所有用户快速、方便地交换电子邮件。电子邮件中除附带文本外，还可包含声音、图像、应用程序等各类计算机文件。常用的收发电子邮件的软件有 Exchange、Outlook Express 等，这些软件提供电子邮件的接收、编辑、发送及管理功能。大多数浏览器也都包含收发电子邮件的功能，如 Internet Explorer。

（3）文件传输 FTP（File Transfer Protocol）协议是 Internet 上文件传输的基础，通常所说的 FTP 是基于该协议的一种服务。FTP 文件传输服务允许 Internet 上的用户将一台计算机上的文件副本传输到另一台上，但更多的是从远程计算机上获得文件的副本，传输到本地计算机上来。传输文件的类型包括文本文件、二进制可执行文件、声音文件、图像文件、数据压缩文件等。大多数 FTP 服务器主机都采用 UNIX 操作系统，但普通用户通过 Windows 9x 以上版本也能方便地使用 FTP。

（4）远程登录 Telnet 是 Internet 远程登录服务的一个协议，该协议定义了远程登录用户与服务器交互的方式。Telnet 允许用户在一台联网的计算机上登录到一个远程分时系统，通过使用自己的键盘或鼠标，将有关的信息发送给远程计算机，经远程计算机处理后再将输出结果返回到用户显示器上，直到用户退出远程登录后，用户的键盘、显示控制权又回到本地计算机。一般用户可以通过 Windows 及以上版本的 Telnet 客户程序进行远程登录。

**2. 电子商务安全技术**

电子商务是基于互联网的一种新型商业模式，和客观世界中的商务活动一样，电子商务一样可能面临泄密和欺诈行为。特别是在开放的 Internet 上进行交易，安全地进行网上交易，完成网上支付，保证网上数据传输的准确无误，使得商业秘密不被窃取和破坏，就显得尤为重要。概括起来，进行电子商务交易的企业所面临的主要安全问题有：

（1）机密性。为防止信息被非授权的人窃听，需要保证电子商务中涉及的大量机密信息在本地存储和在网络的传输过程中不被窃取。

（2）认证。在电子商务活动中，需要对双方进行认证，以保证交易双方身份的正确性。确保要进行交易的贸易方的真实身份确实与其宣称的身份一致是保证电子商务顺利进行的关键之一。

（3）完整性。要防止信息的丢失、伪造、篡改、删除和传送次序的混乱，保证电子商务中所传输的交易信息不被中途篡改以及通过重复发送进行虚假交易等。

（4）不可否认性。在电子商务的交易完成后，要保证交易的任何一方无法否认已发生的交易。

针对这些安全问题，加密/解密技术、消息认证（Message Authentication）

技术、数字签名技术和数字证书技术被提出，通过它们及其组合可以增强电子商务的安全性。

**1）加密/解密**

数据加密是通过对原始的文件或数据（称为明文）用某种算法进行处理，使其转变为对未经授权的读者而言不可理解的一段信息（称为密文），这段转变后的信息只能在输入相应的密钥之后才能显示出其本来的内容。通过这样的途径来达到保护数据不被未经授权者窃取、阅读的目的。该过程的逆过程为解密，即将该编码信息转化为其原来数据的过程。根据加密和解密时使用的密钥是否是同一个，加密技术一般分为对称加密技术（私钥加密技术）和非对称加密技术（公钥加密技术）。在对称加密中，加密和解密使用同一个密钥，而非对称加密在加密和解密时使用不同的密钥。采用非对称加密技术时，分别使用两个密钥，一个称为公钥（公开密钥），另一个称为私钥（私有密钥）。被公钥加密的消息能且仅能采用私钥对其解密，反之亦然，故它们构成一个密钥对。一般公钥对外发布，而私钥自己保留。非对称加密技术是目前相对安全的加密技术。例如，发送方用自己拥有的、接收方的公钥对原文进行加密，接收方收到发送方的密文后，用自己的私钥能够进行解密。按照加密技术的非对称特性，发送方的密文是用接收方的公钥加密生成的，只有接收方的私钥才能解密。而在整个网络中只有接收方拥有自己的私钥，任何其他人都不拥有接收方的电子商务的应用开发技术私钥，因而即使他人截获了这段密文，也是无法将其解密的。电子商务活动中的大量电子信息在网络上传输的时候，都需要保证信息的机密性，这时，加密技术可以起到关键作用。另外，加密技术是其他安全技术的基础，即很多其他安全技术都是以加密技术为基础的，比如后面提到的数字签名等。

**2）消息认证**

消息认证（也称为报文认证）是用来校验所接收的消息是否来自所宣称的发送方并且没有被篡改的技术。消息认证用于解决网络传输中的信息伪装、内容篡改、插入删除和消息顺序的改变等非法攻击等问题。在消息认证中，一般需要先根据消息本身经过计算生成消息认证部分，消息认证部分可用于认证消息。单向散列是一种常用的生成消息认证部分的技术。在消息认证部分生成之后，通过认证协议使得接收者可以利用消息认证部分来校验消息的真实性。下面提及的数字签名也是一种消息认证技术，它可以使得交易的双方无法抵赖自己所承诺的交易。在电子商务活动中，通过消息认证算法和认证协议，发送方所传输的交易信息被伪装、篡改、插入和删除，以及交易信息顺序被改变等情况，都可以被接收方发现，这样可以保证信息的完整性，防止电子商务活动中恶意的破坏活动。

**3）数字签名**

客观世界中，书信或文件是根据亲笔签名或者印章来证明其真实性的；在计算机网络中，被传送报文的签名者身份的标识是由数字签名技术来完成的。数字签名利用一套规则和一个参数对所要签名的数据进行计算，计算的结果能够确认签名者的身份和数据的完整性。一方面，非对称加密技术可以用于加密；另一方面，公钥/私钥这一密钥对还可以用于数字签名，使用私钥对信息进行加密，公钥用于解密，即发送方在向接收方发送信息时，发送方用自己的私钥加密信息，然后将密文传送给接收方，接收方用发送方的公钥进行解密。该私钥只有其对应的公钥才能解密，由于在网络中只有发送方持有自己的私钥，如果接收方用发送方的公钥解密成功，就证明这段密文只能是由发送方发出的。所以，利用非对称加密技术可以唯一地确定发送方的身份。通过数字签名，接收方能够核实发送方对信息的签名，发送方事后不能抵赖对报文的签名，接收方和其他人由于没有发送方的私钥，也就不能伪造对信息的签名。

**4）数字证书**

加密、解密和数字签名会涉及公钥/私钥这一密钥对的使用，非对称加密技术要求把公钥向相关的通信对象进行分发，以便通信相关方使用它进行安全的通信，但是在公钥的分发过程中经常会发生问题。比如某人与多人通信，这个人会拥有其他多人的公钥。他可能使用别人的公钥来冒充他人，甚至伪造公钥来达到不可告人的目的。当网络规模较大、用户群很大的时候还会出现更多的问题。数字证书正是解决这个问题的有效方法。数字证书是一段包含用户身份信息、用户公钥信息以及证书认证中心（CA）数字签名的文件，它由证书认证中心管理。认证中心作为权威的、可信赖的、公正的第三方机构，专门负责为各种认证需求提供数字证书服务，它的数字签名可以确保证书信息的真实性。网上为安全传输信息，传输前双方首先互相交换证书，验证彼此的身份；然后，发送方利用证书中的加密密钥和签名密钥对要传输的数字信息进行加密和签名，这就保证了只有合法的用户才能接收该信息，同时保证了传输信息的机密性、真实性、完整性和不可否认性，从而保证网上信息的安全传输。比如，用户 A 可以通过认证中心获得用户 B 的公开密钥。当用户 A 向认证中心申请获得用户 B 的公开密钥的时候，认证中心会发送一个数字证书给用户 A，用户 A 通过对数字证书的分析可以确认用户 B 的公开密钥的合法性，并获得其他有关信息，这样用户 A 就可以使用用户 B 的公钥和用户 B 进行安全的通信。另外，用户 A 可以使用自己的私钥对信息进行签名，有了签名，则不能对自己的行为进行否认。

### 3. 电子商务支付技术

电子支付通过 Internet 实现了资金的网上安全、高效、快捷支付，提供了资金流的转移。电子商务支付技术经过几年的发展，支付方式有支付卡支付、电子支票、电子现金等形式。

### 4. 电子商务开发技术

电子商务开发技术是电子商务系统的开发和构建的基础，重点包括开发电子商务应用的客户端技术和服务器端技术及支持这些技术的电子商务应用开发工具和运行平台。客户端开发技术包括 PHP、HTTP、HTML、Java、JavaScript、Applet 等，服务器端开发技术有代表性的是 Java 及相关的衍生产品，如 Java Applet、JSP 和 Servlet。

# 2.2　多语言电子商务平台体系结构及业务逻辑

## 2.2.1　多语言电子商务平台体系结构

多语言电子商务平台是由相互联系、相互作用的组成部分结合而成，具有特定功能的有机整体，重点突出“多语言”，支持多种语言进行交易的平台；而这个“平台”本身又是它可以从属的一个更大系统的组成部分。多语言电子商务平台由相互联系、相互作用的多语言电子商务活动各个组成要素结合而成，具有结构网络化、交易虚拟化、成本低、效率高及响应快速等特点。对每个企业来讲，其多语言电子商务活动的开展必须有特定的电子商务平台的支持，但是各个不同语言环境、不同的企业之间的协同工作以及企业与消费者之间的商品交流又构成了整个社会的多语言电子商务活动体系。

多语言电子商务平台是通过一定形式的结构来体现的，即结构是每一具体系统的构成形式，只有依靠结构才能将各个孤立的诸因素进行有机连接变成一个系统。多语言电子商务平台的结构呈现出层次态和等级态：其整个基础是电子商务活动的要素；由这些活动要素组成企业电子商务子系统，其中的一部分子系统又有机地构成某个企业的具体电子商务系统；一系列具有某种相同性质与功能，属于不同等级的具体电子商务系统又可构成电子商务分系统；整合各具体电子商务系统、电子商务分系统又形成了社会电子商务系统。也就是说，多语言电子商务平台的构成形式可简洁表示为要素→子系统→具体系统→分系统→社会大系统。

### 1. 多语言电子商务平台要素

多语言电子商务平台是由电子商务活动的要素有机结合而成的，它是电子商务系统中最基本的组成单位。构成电子商务系统的要素主要包括人、产品、信息、资金、网络、客户和时间等。人是指企业人员、政府公务员或事业单位人员。他们是电子商务活动能否开展的关键。因此，人是构成电子商务活动系统最活跃的因素。产品是企业生存的价值所在，它决定着企业和政府开展电子商务活动的基本条件，是组成物流的物质基础。资金是支持电子商务活动的能量来源，也是企业生存的血液系统，是企业内部资金流与外部资金流的母体。信息是组成电子商务系统的非物质因素，它包含两种类型的信息：一种是推动企业电子商务活动的各要素的运动信息；另一种是对各要素进行管理的信息，亦称管理信息的信息。这两类信息的交融汇入电子商务系统形成信息交流，从而把企业电子商务活动与社会整个电子商务活动有机地联系起来，形成交流中介。因此，信息成为电子商务系统的联系纽带，是必不可少的要素。网络是开展电子商务的特定环境，通过网络技术把企业和政府内部各要素组合起来，形成局域网，组成电子社区，并与外部多媒体网络相联，进入大的多语言电子商务活动平台，形成大电子商务社区，所以网络既是电子商务的技术支撑与连接手段，也是电子商务活动超地域超时空展开的电子通道。客户是产品直接服务的对象，没有客户就没有企业生存的空间，因此，客户是电子商务活动的终端，也是电子商务系统的目的要素。时间是指速度和速率，多语言电子商务活动各要素是在一定的空间和时间中运转的，多语言电子商务的快速响应功能主要体现在时间速率上，时间就是生命，时间就是效益，多语言电子商务活动的时间速率是区别于传统商务活动的根本所在。

### 2. 多语言电子商务子平台

多语言电子商务子平台由电子商务活动要素组成，按其组成要素、功能、性质和内容等可以将其划分为多种系统：按构成要素，可分为产品生产运行子系统和资金管理子系统、信息管理子系统、人力资源管理子系统、营销运行子系统等；按电子商务子平台功能，可分为运行系统、支持系统、指挥协调控制系统。运行系统体现企业电子商务的职能，一般是指人事、财会、生产、营销等部门；支持系统由一切支持运行系统的机构所构成，如网络运行系统、信息安全保障系统等；指挥协调控制系统是指管理信息系统、决策咨询系统、考核评估子系统、监控系统等。

### 3. 具体电子商务平台

具体电子商务平台是指一个具体的企业电子商务组织，这个特定的企业根据自身的需求和实际情况由上述的一部分子系统组成。如典型的信天游网站，建立的就是一个具体的电子商务系统，由订座系统（ICS）、代理人分销系统（CRS）、离港系统（DCS）、货运系统（CGO）、酒店预订系统（HOTEL）等电子商务子系统组成。

### 4. 多语言电子商务平台

多语言电子商务平台由一系列具有某种相同性质与功能的，属于不同等级的具体多语言电子商务平台构成。如按产业划分，有农业企业多语言电子商务分系统、工业企业多语言电子商务分系统、交通运输企业多语言电子商务分系统、商业企业多语言电子商务分系统、金融证券多语言电子商务分系统、银行多语言电子商务分系统和政府多语言电子商务分系统等。

### 5. 社会多语言电子商务大系统

社会多语言电子商务大系统是由各类型的多语言电子商务分系统整合而成的。但它不是由各种不相干的系统随便糅合而成，而是借助一定的多语言电子商务基础平台、网络平台整合而形成的。

商业行为是整个人类联系行为的最主要、最基本的内容之一，任何一笔商业行为，买方和卖方交换的都是他们的需求，而任何一件商品交换必然包含物流、资金流和信息流，这是从人类最初的简单的以物易物到今天的纷繁复杂的商业活动所共同遵循的。所不同的是这条交易链出现了新的环节，是商品的物流、资金流的日益分离，是信息流作用的日益突出。正是因为有了这种分离，人类的交易活动呈现出比以往更加丰富而复杂的特性，而这在给人们提供方便的同时也引入了新的风险。怎样才能降低这种风险呢?答案是多掌握信息以减少不确定因素，用信息来监督控制交易过程，正是在这种背景下才使得信息作为规避风险的有效手段越来越为人们所重视。多语言电子商务平台系统的体系模型正是体现三流（物流、资金流和信息流）尤其突出信息流重要性的最好描述，如图 2-1 所示。

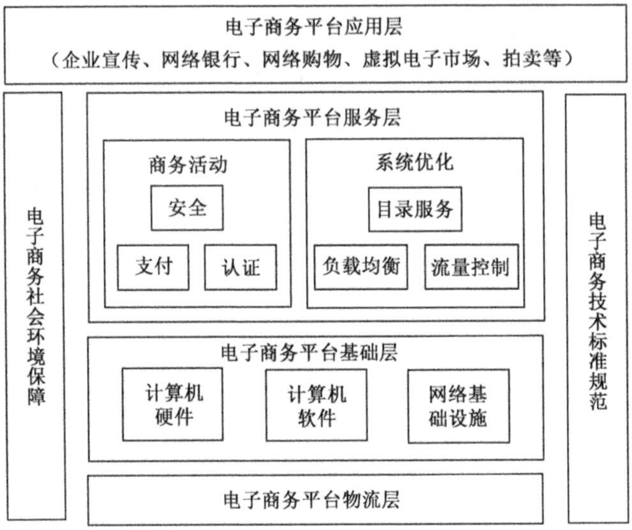


图 2-1 多语言电子商务平台系统的体系模型

在多语言电子商务平台系统的体系模型中，多语言电子商务物流层和基础层由信息流和物流信息联系，多语言电子商务平台服务层和应用层之间由信息流和资金流联系，多语言电子商务平台基础层和服务层构成多语言电子商务信息流平台。而多语言电子商务社会环境保障和技术标准规范为整个多语言电子商务平台高效运行提供环境和技术支撑。

**1）多语言电子商务平台物流层**

尽管现在信息商品和服务不断增多，可以采取在线传输的形式配送，但是对于传统的实体商品或服务，必须要建立物流配送中心。对一个企业而言，既可以自建物流配送中心，也可外包给第三方物流，或者将两者结合起来。这一层是整个电子商务系统运行的物质保障和最后终结。

**2）多语言电子商务平台基础层**

多语言电子商务平台基础层是信息流平台的主要组成部分，包括三个方面的内容：网络环境、硬件环境、软件及软件开发环境。网络环境是电子商务平台的通信基础。一般而言，电子商务的开展可以利用电信网络资源

（就我国而言，电信部门专营的公共数据通信网络体系大体包括 China PAC、China DDN 和 China Net 等），同时也可以利用无线网络和原有的行业性数据通信网络，如铁路、石油和有线广播电视网络等。各种服务器和大量的外部设备构成电子商务系统的硬件环境。软件及软件开发环境包括操作系统（如 Windows、UNIX 等）、网络通信协议软件（如 TCP/IP、HTTP 等）和开发工具等。

**3）多语言电子商务平台服务层**

多语言电子商务活动的缺点（目录不足、在线支付工具不足和信息安全不足等）已引起了广泛的关注。电子商务平台服务层存在的目的就是要消除或减少这些缺陷。它为多语言电子商务活动中特定的商务应用软件（如网络零售业、制造业应用软件）的正常运行提供保障，为多语言电子商务系统提供软件平台支持。它的内容包括安全、支付、认证、目录服务、负载均衡和流量控制等。

**4）多语言电子商务平台应用层**

多语言电子商务平台应用层是企业利用电子手段开展商务活动的核心，也是多语言电子商务平台的核心组成部分。它的内容包括企业宣传、网络银行、网络购物、虚拟电子市场、拍卖和视频点播、有偿信息服务等。

**5）社会环境保障和技术标准规范**

社会环境保障和技术标准规范是所有电子商务应用的两大支柱。电子商务的社会环境主要包括法律、税收、隐私、国家政策及人才等方面。目前，传统商务活动已经有了成体系的法规和政策，但多语言电子商务的基本政策和立法还没有得到解决。多语言电子商务系统的健康发展必须以特定的法律、政策做保障，同时，国家也需要制定相应的政策鼓励甚至引导电子商务系统的建设，如美国政府制定“全球电子商务的政策框架”时就对相关的法律、政策等进行了说明。技术标准规范指的是对信息出版工具、用户界面和信息传输的具体规定。要使得整个社会电子商务大系统具有兼容性，就必须采用同样的标准。这个问题就像铁路系统不同的轨道标准给铁路运输带来的麻烦、电力系统标准（110V，220V）与视频信号标准（Sony BETA、VHS）对电器和视频产品带来的限制等一样严重。因此，制定全球统一的标准不仅是必要的，也是紧迫的。

### 2.2.2 多语言电子商务平台的业务逻辑

与传统商务平台相比，多语言电子商务平台突破了原有的时间和空间概念，大大地降低了交易成本。但是，这种平台的实现需要许多运作条件，或称为“运行平台”。这里的平台是指多语言电子商务平台运行过程中需要自建、租用、借用的运行条件或设施。这些运行条件或设施包括两类：一类是以实物形式存在的物理运行平台，包括信息流平台和物流平台；另一类是以非实物形式存在的逻辑运行平台，包括资金流平台、契约平台和网络认证平台。

#### 1. 多语言电子商务物理运行平台

**1）信息流平台**

多语言电子商务信息流平台实质上就是指多语言电子商务系统运行过程中提供信息流传输、存储、加工处理的网络设施和通道。在多语言电子商务系统运行过程中，物流、资金流最终都要转化为信息流的形式，并通过信息流平台高效、及时、准确地传播和交流，最终实现电子商务的三流整合。信息流运行平台是多语言电子商务平台运行的基本物理环境，是其他平台运转的基础。信息流平台主要包括企业内联网（Intranet）、企业外联网（Extranet）、互联网（Internet）等类型。

（1）企业内联网（Intranet）

从技术上讲，内联网与Internet没有太大的区别，都基于TCP / IP、FTP、HTML、WWW等协议，不同的只是访问范围和权限。Intranet的功能与传统的MIS相似，它们都是一个封锁的系统，只面对企业内部，使用计算机网络连接企业各个部门，完成企业的信息管理工作。企业内联网与传统MIS的主要区别在于：传统MIS通常是基于C/S架构的，管理和使用起来不够方便；

而 Intranet 构建费用低，功能单一，安全可靠，是企业解决内部信息流管理的理想平台。

（2）企业外联网（Extranet）

Extranet 是 Internet 构建技术在企业之间多语言电子商务信息流管理中的另一种应用。它使企业与合作伙伴及其他的相关商务主体相连，完成企业之间的共同电子商务目标和交互合作，并形成合作者之间的信息交流网络。Extranet 通过向一些主要贸易伙伴（愿意与企业建立联系的供应商、大客户和合作伙伴）添加外部连接来扩充 Intranet，通过 Extranet 或 Intranet 更新企业的数据库，从而保持公司相互间的关系。从连接方式上看，外联网又包括如下三种类型：

①公共网络，如果一个组织允许公众通过任何公共网络访问组织的内联网，或者有两个以上的企业同意用公共网络把他们的内联网连接起来，公共外联网就出现了。公共外联网的主要优点是建立成本低，缺点是存在安全隐患。目前采用公共外部网的企业很少。

②专线网络，专线是指两个点之间永久的专用电话连接，专线网络则是指用专线来实现两个企业的内联网的物理连接。专线网络只供合法连入企业使用，其他任何企业或个人都不得使用。

③虚拟专用网络（VPN），VPN 采用一种称为“通道”或“数据封装”的系统，用公共网络及其协议向贸易伙伴、顾客、供应商和员工发送敏感数据。

（3）Internet

Internet 也是企业电子商务运行的重要信息流平台，它通过路由器把多个不同的 Intranet 与 Extranet 网络进行连接。企业可以建立门户网站并将其推上 Internet，使全球的客户都能浏览企业的产品和概况。企业还可以通过其门户站点完成网上交易和服务，实现全球范围的信息共享、信息交流和商品交易工作。与 Intranet 和 Extranet 相比，Internet 功能更强，应用范围更广，是企业电子商务活动的主要信息流平台。

**2）物流平台**

物流是指实物从供应方到需求方的转移路径和过程。根据销售环节的不同，物流本身分为供应物流、销售物流、生产物流和回收物流。物流平台是指企业电子商务活动中的实物转移的途径与通道。在电子商务背景下，企业应合理构建适合本企业发展需要的物流平台。多语言电子商务的优势主要在于其运作的高效率。然而企业通过 Internet 进行的商务活动只能实现信息流和资金流的高效运作，而物流的运作则成为限制电子商务进一步发展的一个重要瓶颈。尽管目前国内外实现多语言电子商务的企业网上销售额迅速增长，但真正能够盈利的却不多，其中一个重要的原因就在于物流运作的高成本与低效率。作为一个适应于现代电子商务的物流系统，应该能把准确的产品（包括产品的性能、质量、型号等）在准确的时间内，以最低的成本送到消费者手中。而物流平台的优劣将直接影响到企业电子商务在价格、交货期、服务、质量等方面的竞争力，因此，必须从战略的角度去看待物流平台的组建，建立高度信息化、自动化、机械化的物流平台。许多国际化企业，由于具备了适于自身需要的物流网络而在电子商务活动中取得不凡业绩。如 Dell 公司，每当接到订单后，其相关信息立刻被分解成具体零部件的生产信息，立刻通过互联网传送到合作伙伴的信息库并马上开始生产，一旦在那里的生产完成，产品立刻由联邦快递传送到离用户最近的 Dell 公司分部，所有部件重新组合后一并送往 Dell 流水装配线。这样，完全由用户自己定制的计算机 5 天之内便问世了。从 Dell 公司的实际运作中我们不难看出先进的物流平台在电子商务中的重要地位。

### 2. 多语言电子商务逻辑运行平台

#### 1）资金流平台

多语言电子商务的发展要求资金流的畅通，而原来的金属货币、纸币以及信用凭证（期票、汇票、支票和本票等）无法适应多语言电子商务发展的需要。在此情况下，就需要一个基于网络数字化结算的资金流平台。目前，多语言电子商务的资金支付除了电子信用卡这种主流方式之外，在 B2C 商务模式中还普遍存在货到付款和邮政汇款等方式。因此，就目前而言，一个完整的资金流平台不应仅仅局限于数字化资金流平台。然而，随着 Internet 的进一步普及与网络安全性的进一步提高，多语言电子商务的资金流平台中数字化结算部分的比例将进一步增加。

**2）契约平台**

契约平台是企业在从传统商务模式向多语言电子商务模式转换的过程中，为了借助和整合外部资源，保证这一具有虚拟性特征过程的客观性、公正性和合法性，而采用契约的形式来相互制约和相互促进的一种新型合作形式和控制平台。因此，从某种意义上说，契约平台也就是合作平台。由于多语言电子商务时代市场机遇稍纵即逝，客户需求也越来越向个性化、多样化方向发展，而企业自身的资源相对于这种市场环境而言是相当有限的，因此，企业如果要在特定的时间内向消费者提供个性化、多样化的产品或服务，就必须要利用企业外部资源，与其他企业进行合作。而企业之间的合作，需要有契约平台的支撑。事实上，电子商务过程中企业之间，甚至企业内部的部门之间的每一项活动都需要由契约的形式来加以约束。契约平台的构成，按企业与企业之间契约关系的形成来看，有内部契约、一级契约、二级契约等。首先是企业与其内部员工之间以契约的形式规定员工的权利与义务及其工作规范等内容，这是企业内部契约。然后是企业与其合作对象进行双边谈判，并在此基础上形成契约关系，这是一级契约；其合作企业又与其他企业进行谈判并发展成二级契约。在每一级别的契约中又包括资金流契约、物流契约、销售契约、个人金融契约等。

**3）网络认证平台**

由于多语言电子商务是以电子方式和网络形式进行的商务活动，通常参与各方互不见面，而多语言电子商务的交易过程不仅涉及各方信息的交换，还涉及资金的流动，因此，交易各方身份的认证与安全通信变得非常重要，需要有一个权威的、公正的、第三方的机构来调节和监督整个交易活动。CA认证中心就是这样的用来确认电子商务活动中交易各方身份的真实性，并负责在交易中发放、检验和管理证书的一个权威机构。对于一个大型的应用环境，认证中心往往采用一种多层次的分级机构，各级的认证中心类似于各级行政机关，上级认证中心负责签发和管理下级认证中心的证书，最下一级的认证中心直接面向最终用户。

### 3. 多语言电子商务平台运作模型

在企业由传统商务运作模式转向多语言电子商务运作模式的过程中，企业面临的市场环境变化由相对缓慢到瞬息万变；企业面临的竞争对手与合作伙伴由数量较少、相对固定到数目众多、动态变化；企业的竞争范围由国内竞争到国际竞争。在这种背景下，企业如能深入理解多语言电子商务运作过程与一般电子商务系统运作模型，对于企业迅速选择最恰当的运作模型并完成由传统模式向多语言电子商务运作模式的转换是至关重要的。

多语言电子商务平台运作模型的外层模块是描述企业在开展产品营销阶段与其他商务主体之间的逻辑关系。为了研究方便，我们把它所涉及的对象限定于认证机构、银行、物流部门、信息服务提供商以及消费者五种。多语言电子商务系统运作模型的中间层模块是对企业电子商务各合作企业之间的逻辑结构的描述，包括企业电子商务合作企业之间的关系模式、运作模式，其讨论的对象就是企业电子商务合作伙伴，有时还会涉及信息服务商。多语言电子商务系统运作模型的内层模块就是对引入电子商务运作机制的企业内部资源运作模式的描述。根据目前多语言电子商务的发展趋势，我们认为多语言电子商务系统可以有两种不同的运作模型，一种是盟主型运作模型，另一种是自组织型运作模型。不同的模型，具体的外层模块、中间层模块以及内层模块有较大的差别。

**1）盟主型多语言电子商务平台运作模型**

盟主型多语言电子商务平台运作模型也称为主从合作模型，是指盟主通过 Internet 或信息服务商获取消费者的需求信息之后，立即对所需的各种资源进行描述并予以分解，然后访问相关的企业资源信息数据库，确定非核心资源外包的企业，接着以盟主的身份同协作企业签订协议，同时确定自身的生产计划并与协作企业分布式并行作业，最后以盟主的身份向消费者提供个性化的产品和服务，通过资金流平台完成支付手续，通过物流平台完成物流配送工作。该模型的最大特点是盟主通常规模大，竞争实力强，具有把握市场机遇的核心资源和能力。整个电子商务运作过程，始终以盟主企业的名义与外界建立各种关系，盟主企业代表企业电子商务中的其他成员向认证机构、银行、消费者、信息服务商、物流机构承担各种法律责任，而其他成员只向盟主承担有限责任。盟主型电子商务平台运作模型的中间层模块描述了盟主与其他协作企业的协作关系，即一个核心企业联合多个卫星企业共同完成电子商务活动。这种协作关系体现了全社会资源统一整合和非核心业务外包的思想。盟主首先将对于市场机遇为非核心业务的部分外包给协作企业 A，这就形成了一级资源整合；同样，协作企业 A 将相对于自己为非核心业务的部分再外包给企业 B 和企业 C，这就形成了二级资源整合；三、四级资源整合方法依此类推。资源整合任务完成后，企业电子商务就开始了分布式的并行作业方式。在实际运作过程中，非核心企业要时刻警惕不要陷入盟主企业的收购或兼并的陷阱。

从以上分析可以看出，盟主型企业多语言电子商务平台运作模型有以下特点：

（1）盟主最先抓住市场机遇；

（2）盟主拥有把握市场机遇的核心资源；

（3）在终极产品市场上盟主具有品牌优势；

（4）盟主与其他成员企业之间是一种主从关系，盟主企业在多语言电子商务平台的运作中拥有绝对的协调权；

（5）盟主是整个多语言电子商务平台的瓶颈，它的退出意味着机遇的消亡；

（6）信息的传递模式比较单一；

（7）多语言电子商务平台的内部运作与协调是以企业为单位展开的；

（8）整个模型体现了非核心业务外包和整条供应链竞争力最优的思想。

从盟主型企业多语言电子商务平台运作模型的运作机制及其特点来看，对于那些规模大、协调能力强，在消费者中具有较高的品牌认可度与信誉度，具有快速发现并响应市场机遇的能力或在某产品生产上掌握其关键核心技术的企业而言，适于选择盟主型企业多语言电子商务网络运作模型并将自己定位为盟主；对于那些规模小，不具备某方面核心技术能力或在产品生产上刚起步的企业而言，将自己定位为盟主企业的协作企业也有利于其获得生存与发展的空间。

**2）自组织型多语言电子商务平台运作模型**

自组织型多语言电子商务平台运作模型也称为平等合作多语言电子商务平台运作模型。在这种模型中，企业处于一种自组织的状态之中，没有绝对的盟主企业，所有加入企业在平等自愿合作的基础上共同形成了一个开放性系统。当信息服务商或某个企业获得了市场信息后，由于它自身并不具备把握市场机遇的所有资源，甚至连核心资源都不完全具备，因此必须寻求外部资源的整合，并组成以客户为中心的企业团队，在团队中进行分布式并行生产活动。它们以 Internet 为纽带，以信息技术为支撑，共同构成了并行分布式的开放系统。整个系统是一种星状结构，电子商务系统的运作完全是以消费者为中心，消费者的各种需求通过网络可立即反映到各团队中。

自组织型多语言电子商务平台运作模型的中间层模块有两种可能。一种是某一企业率先发现了市场机遇，但它不具备把握市场机遇的所有资源，甚至连核心资源都不完全具备，只能寻求外部资源的整合。这种模式在现实中可以找到具体的实例。如：Compaq 公司在进入计算机市场时与 Microsoft 等数十家计算机公司进行技术联盟，由此 Compaq 计算机曾经享誉全球，成为当时的计算机第一品牌。另一种是信息服务中介机构发现了市场机遇，然后由信息服务中介机构负责寻求资源的整合。这种模式只是处于理论研究之中，在实践中还没有具体的实例。

自组织型多语言电子商务平台运作模型的内层模块需与中间层结合起来考虑，对于自组织型模型中间层的第一种情况，同样是实现企业 A、企业 B 自身的生产科研管理，包括 ERP 和 BPR 等内容；对于自组织型模型中间层的第二种情况，则是信息服务中介商的市场情报系统、知识库及专家决策系统等内容。

从以上分析可以看出，自组织型电子商务平台运作模型有以下特点：

（1）整个模式处于一种自组织的状态之中，成员企业之间的关系平等；

（2）多语言电子商务平台的内部运作与协调完全在各成员企业的工作团队之间展开，团队与企业的权责分明；

（3）各成员企业之间具有很强的资源互补性；

（4）这种多语言电子商务平台运作主要是为了进军新市场或开发新产品；

（5）任何企业的退出不会影响市场机遇的消亡；

（6）加入协作团体的每个成员都具有竞争力，组合成一个有竞争力的供应链。

从自组织型多语言电子商务平台运作模型的运作机制及其特点来看，该运作模型特别适于需进行新产品开发或开拓某一新市场业务的企业。此外，对于那些目前规模较小但发展潜力巨大的新兴企业而言，这是一种能迅速发展壮大的运作模型。

# 2.3　多语言电子商务平台开发语言及其相关技术

## 2.3.1　多语言电子商务平台开发语言

### 1. PHP

PHP 是一种服务器端解释的脚本语言，是编程语言和应用程序服务器的结合。其形式与 ASP 类似——当浏览器提交对某个 PHP 页面的请求时，服务器把嵌入页面中的 PHP 代码完全解释成为普通的 HTML 送到浏览器一端，完成整个 PHP 的调用。这种模式可以在终端用户几乎没有感觉的情况下，实现相当复杂的功能。

PHP 从 1994 年秋天开始孕育，它的创始人是 Rasmus Lerdorf。它开始是一个用 Perl 语言编写的程序，用来记录 Rasmus Lerdorf 自己在线简历的访问者。以后它又用 C 语言重新写过，范围扩大到访问数据库。在这期间，有许多人向 Rasmus Lerdorf 要此程序的拷贝，以便自己使用。Rasmus Lerdorf 为此写了一些介绍此程序的文档，并发布 PHP 1.0，当时称为 Personal Home Page Tools。它包含了一个非常简单的语法分析引擎，只具有理解一些指定的宏和一些 Home Page 后台的常见功能，如留言本、计数器和一些其他的素材。以后，越来越多的人开始使用 PHP，并强烈要求增加一些其他的功能。1995 年中期，Rasmus Lerdorf 重写了这个语法分析引擎并将其命名为 PH/FI 2.0 版本。FI 来源于 Rasmus 所写的另一个可以接受 HTML 表单数据的程序包，组合了 Personal Home Page Tools 脚本和 Form Interpreter，并且加入了对 My SQL 的支持，于是 PHP/FI 2.0 诞生了。PHP/FI 以惊人的速度发展。据估计，到 1996 年末至少有 1.5 万个 Web 站点在使用 PHP/FI 2.0；到了 1997 年中，这个数字已经增长为 5 万多个。1997 年中，PHP 的发展也已经有了一些变化，它已经从 Rasmus 的宠物项目变成了更加有组织的团体项目；语法分析引擎也由 Zeev Suraski 和 Andi Gutmans 进行了重新改写。PHP/FI 中的大部分通用代码都在经过改写后引入了 PHP。因此，PHP 3.0 出现了。

正是在许多人的无私奉献下，PHP 保持了可贵的源代码自由性质，它正在演变为一种特点丰富的语言，而且还在不断成长中。2000 年 3 月，PHP 4.0 的出现给了大家惊喜，随着 Zend Optimizer 优化引擎的加入，PHP 解释器的执行速度有了质的提高，完全可以胜任任何大型网站的应用开发。PHP 正在以越来越坚实的步伐向前发展。

PHP 有很多优点，比如开放源码，所有的 PHP 源码都可以免费下载。

（1）服务器端解释：PHP 程序可以很大、很复杂，但不会降低客户端的运行速度。

（2）跨平台：PHP 程序可以运行在 UNIX、Linux 或 Windows 等各种操作系统下。

（3）简单的语言：语法简单易学，如果有较强的 C 语言基础，PHP 很容易上手。

（4）支持 XML：能够组建一个可以读取 XML 信息的 PHP 版本。

（5）广泛的数据库支持：用户可以使用 PHP 存取 Adabas、D、DBA、dBase、dbm、filePro、Informix、InterBase、SQL、Microsoft SQL Server、MySQL、Solid、Sybase、Oracle 8、PostgreSQL 等类型的数据库，以及任何支持 ODBC 标准的数据库。另外，PHP 所有的源码、文档都可以免费复制、编译、打印

和分发。任何一个用 PHP 编写的程序都属于编程者自己，可以按照自己的意愿进行处理，可以无限制地发布自己编写的程序，而不需要付任何版税。除此之外，PHP 也能作为标准的 CGI 进程来运行，此时它是一个独立的脚本解释器，或者是 Apache 的一个嵌入模块。国内越来越多的网站看到了 PHP 的优秀之处，纷纷把 PHP 技术应用到他们的网站中，比较著名的有www.tom.com，www.163.com，www.sina.com.cn 等。PHP的最明显的标志就是页面文件的扩展名是“.php”，如 index.php，default.php 等。

### 2. HTTP 与 HTML

HTTP 是由 Internet 工程任务组（Internet Engineering Task Force）规定的一个协议标准。设计 HTTP 的最初目的是提供一种发布和接收 HTML 页面的方法。现在 HTTP 已经是 Internet 上应用最为广泛的一种网络应用协议，除了传输 HTML 页面外，还广泛用于传输其他类型的数据。HTTP 是一种基本的客户端/服务器访问协议，用于支持 WWW 应用。使用 HTTP 协议，客户端（如浏览器）向 WWW 服务器发送请求，而服务器回应相应的网页（或数据）。HTTP 请求或响应消息在浏览器和 WWW 服务器之间传输，无论请求还是响应消息都可能包含三部分内容：一个单独的请求或响应行、HTTP 头、HTTP 主体。

用户请求行包括一个方法（通常是 GET 或 POST），其后跟着一个文档地址以及所使用的版本号，如 GET/contents.html。一个响应行包括一个用来指示请求是否成功的 HTTP 状态码（understood 或 satisfied）以及请求不成功的原因。对于响应消息，响应行内容包括 HTTP 协议版本号、响应的状态码和响应字符描述。在多数情况下，状态码由浏览器处理。例如，当服务器无法找到请求的 URL 时，发送给浏览器的状态码就是 404（描述为 Not Found）。在编写和调试我们自己的应用时，如后面进行 Servlet 的编写和调试，对 HTTP 状态码有一定的了解是十分有益的。

HTML 语言的英文全名是 Hyper Text Markup Language，即超文本标记语言，也称超文本标识语言。HTML 之所以称为超文本，是因为它不仅能够处理文本，而且对网页中的图像、声音等各种元素都可以处理。因为它是通过标记（tag）来指明网页中的文档、图像、声音等各种元素如何显示的，所以称它为标记语言。HTML 用来在 WWW 上发布信息，语法非常简单，可以方便地描述各种信息，受到人们的广泛欢迎。使用 HTML 语法书写的脚本一般被称为网页或者 HTML 文档，扩展名一般为.html 或.htm，是一种普通的 ASCII 格式文档，可以使用任何文字编辑器来撰写和编辑。通常使用所见即所得的开发工具来开发 HTML 网页，在生成的代码基础上可以手工作一些调整，这要求掌握 HTML 最基本的语法。网页是 Web 应用的组成部分，开发者需要掌握 HTML 的基础知识，以便于开发各种应用。右击网页页面可以出现一个快捷菜单，在其中选择“查看源文件”，弹出一个文本窗口，里面显示的是对应该网页的 HTML 文档，可以使用这种方法来学习其他网页的代码。

### 3. Java 语言

Java 语言是 Sun 公司推出的一种面向对象的程序设计语言，它支持抽象、封装、继承和多态等面向对象的基本特征。Java 语言从诞生起就受到广泛欢迎。现在，基于 Java 语言的 Java 技术已经发展为一个庞大的体系，内容涵盖开发语言、开发工具、Java Web 应用、企业级应用、无线应用等领域。Java 语言提供了强大的应用编程接口，即 Java 类库，包含大量的工具类，可以帮助程序员进行字符串处理、绘图、数学计算、网络应用等方面的程序设计。掌握 Java 基本语法，并合理和充分利用 Java 类库里的类和接口是学习 Java 语言的重点，也是学习其他 Java 技术的基础。

Java 是一种简单、面向对象、分布式、解释执行、健壮、安全、结构中立、可移植性好、支持多线程的动态程序设计语言。

（1）简单。Java 的表达式和语句等语法类似于 C 和 C++，C 和 C++程序员可以很快掌握 Java 编程技术。Java 不支持 C 语言中一些容易引发程序错误的技术，如指针和内存管理。Java 提供了丰富的类库，这使得开发程序有了好的基础。

（2）面向对象。Java 语言是面向对象的程序设计语言，它支持抽象、封装、继承和多态等面向对象的基本特征，而不支持类似 C 语言的面向过程的程序设计技术。

（3）分布式。Java 提供了丰富的分布式应用开发的类库，基于它们可以很容易访问网络上的其他资源，其访问方式与访问本地文件系统类似。

（4）健壮。Java 在程序编译和运行时会检查错误。类型检查可检查出许多开发早期出现的错误；Java 语言不支持指针，自己管理内存减少了程序员操作内存出错的可能性；Java 还实现了真数组，避免了覆盖数据的可能。这些功能特征都缩短了开发 Java 应用程序的周期，增强了健壮性。

（5）结构中立。Java 源程序被编译成与机器无关的字节码，字节码是一种结构中立的中间文件格式。字节码在虚拟机上运行，只要有 Java 运行系统的机器都能执行这种中间代码。

（6）安全。在 Java 语言里，指针和释放内存等 C++功能不被支持，避免了非法内存操作，减少了程序出错的可能性。更为重要的是，Java 有自己完整的安全模型，可以满足开发网络应用的复杂的安全需求。

（7）可移植。Java 的源代码是可移植的，使用 Java 开发的应用程序对所有操作系统和中间件几乎无须修改便能运行。

（8）解释性语言。Java 是一种解释性语言，但它不同于一般的解释执行计算机语言。它首先将源代码编译成字节码，然后依赖不同平台上的虚拟机来解释执行字节码，从而实现了“一次编译，到处执行”的跨平台特性，但这也在一定程度上降低了 Java 程序的运行效率。

（9）多线程。多线程带来更好的交互性和实时控制性，在开发难易程度和性能上都比单线程要好。Java 语言支持多线程，比如，Java 程序可以在一个线程中完成某一耗时的计算，而在另外一个线程中与用户进行交互式对话，用户可以不必停止工作，等待 Java 程序完成耗时的计算。

（10）动态。Java 的设计使得 Java 更适合一个不断发展的环境。在 Java 的已有类中可以自由地加入新的方法和实例变量而不会影响用户程序的执行。另外，Java 通过接口来支持多重继承，这种方式比严格的类继承更具有灵活性和可扩展性。

### 4. XML

XML 是 eXtensible Markup Language 的缩写，是一种跨平台的文本标记语言，正逐渐成为 Web 上数据交换的标准。与 HTML 语言类似，XML 语言使用标签（Tag）来标识数据，标识符放在尖括号<…>内。这些标识称为标记（Markup）。关于 XML 首先要理解的是，XML 是一种元标记语言。用户可以定义自己需要的标记。这些标记必须根据某些通用的原理来创建，但是在标记的意义上，也具有相当的灵活性。对于使用同样 XML 数据的多个应用，必须对所要使用的标记名称取得共识。关于 XML 要了解的第二件事是，XML 标记描述的是文档的结构和意义，它不描述页面元素的格式化。可以用样式单为文档增加格式化信息。文档本身只说明文档包括什么标记，而不说明文档看起来是什么样的。作为对照，HTML 文档包括格式化、结构和语义的标记。<B>就是一种格式化标记，它使其中的内容变为粗体。标记<B>…<旧>说明“以加粗字体显示这些数据”；而在 XML 中，标记的作用类似于变量名称，标记<message>... < / message>表示数据是一则消息，它说明这些数据具体表示什么内容。同样，用户可以定义数据的结构，为数据结构中的每一项定义标记名称，可以自由应用任何 XML 标记为应用赋予意义。

XML 的特点如下：

（1）纯文本。XML 不是二进制格式，可以使用从标准的文本编辑器到可视开发环境的任何一种工具来创建和编辑 XML 文件。这使 XML 很容易调试程序，且其存储数据量少。XML 作为数据库的前端，也可以有效存储大量 XML 数据。因此，XML 提供了从小配置文件到企业级数据仓库多级别的数据存储能力。

（2）数据识别。XML 会提示用户数据有哪些种类，而不是如何显示它。因为可以标记标识信息的内容并把数据划分成不同的部分，所以一个 E-mail 程序很容易处理 XML 文件，搜索程序也可以寻找特定标题或地址的消息发给对应的收件人。

（3）设计与特定领域有关的标记语言。XML 允许各种不同的专业（如音乐、化学、数学等）人士开发与自己的特定领域有关的标记语言。这就使得该领域中的人们可以交换笔记、数据和信息，而不用担心接收端的人是否有特定的软件来创建数据。

（4）自描述数据。界定 XML 内容的标记会给所界定的数据中的每一个元素命名。在标记中，我们还会发现特定的属性，它们会为所描述的元素提供某些附加信息。例如，之所以说数据是自描述的，是因为其中的每个项目都有自己的名字，而这个名字又与文档所描述的现实世界中的问题所涉及的某项具体内容密切相关。

（5）应用间交换数据。XML 使用的是非专有的格式，不受版权、专利、商业秘密或其他种类的知识产权的限制。

（6）结构化和集成的数据：XML 对于大型和复杂的文档是理想的，因为数据是结构化的。这不仅使用户可以指定一个定义了文档中的元素的词汇表，还可以指定元素之间的关系。

### 2.3.2　多语言电子商务平台开发的相关技术

#### 1. 云计算

云计算（Cloud Computing）是基于 Internet 的相关服务的增加、使用和交付模式，通常涉及通过 Internet 来提供动态易扩展且经常是虚拟化的资源。云是网络、Internet 的一种比喻说法。过去往往用云来表示电信网，后来也用云来表示 Internet 和底层基础设施的抽象。因此，云计算甚至可以实现每秒 10 万亿次的运算能力，拥有这么强大的计算能力可以模拟核爆炸、预测气候变化和市场发展趋势。用户可通过计算机、手机等方式接入数据中心，按自己的需求进行运算。

对云计算的定义有多种说法。对于到底什么是云计算，至少可以找到 100 种解释。现阶段广受认可的是美国国家标准与技术研究院（NIST）的定义：云计算是一种按使用量付费的模式，这种模式提供可用的、便捷的、按需的网络访问，进入可配置的计算资源共享池（资源包括网络、服务器、存储、应用软件、服务），这些资源能够被快速提供，只需投入很少的管理工作，或与服务供应商进行很少的交互。云计算是一种基于 Internet 的计算方式，要实现云计算则需要一整套的技术架构，如图 2-2 所示，包括网络、服务器、存储、虚拟化等。

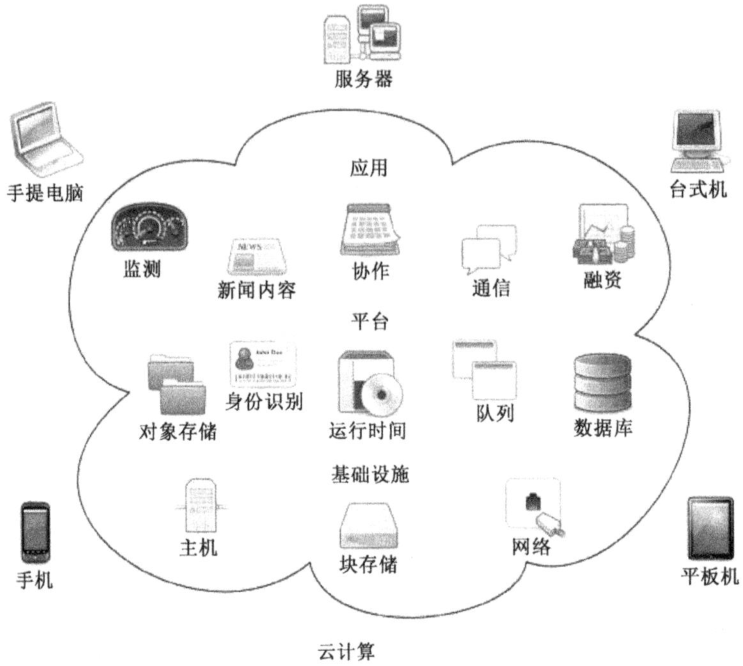


图 2-2　云计算架构图

云计算目前分为公有云和私有云。两者的区别只是提供服务的对象不同，一个是企业内部使用，另一个则是面向公众。目前企业中的私有云都是通过虚拟化来实现的，建议了解一下虚拟化行业的前景和发展。虚拟化目前分为服务器虚拟化（以 VMware 为代表）、桌面虚拟化（思杰要比 VMware 的优势要大）、应用虚拟化（以思杰为代表）。学习虚拟化需要的专业基础如下：

（1）操作系统，懂得 Windows 操作系统（如 Windows Server 2008、Windows Server 2003、Windows 7、Windows 8、Windows 10 等）的安装和基本操作，懂得 AD 域角色的安装和管理，懂得组策略的配置和管理。

（2）数据库的安装和使用（如 SQL Server）。

（3）存储的基础知识（如磁盘性能、RAID、IOPS、文件系统、FC SAN、NAS 等）、光纤交换机的使用、使用 Open-E 管理存储。

（4）网络的基础知识（如 IP 地址规划、VI。AN、Trunk、STP、Ether channel）。

云计算作为一种新型的计算模式，利用高速互联网的传输能力将数据的处理过程从个人计算机或服务器转移到 Internet 上的计算机集群中，带给用户前所未有的计算能力。云计算的产生与发展，使用户的使用观念发生了彻底的变化，他们不再觉得操作复杂，直接面对的将不再是复杂的硬件和软件，而是最终的服务。如图 2-3 所示，云计算将计算任务分布在大量计算机构成的资源池上，使各种应用系统能够根据需要获取计算力、存储空间和各种软件服务。云计算现在还存在一些问题，如数据安全问题、网络性能、互操作问题等，但它的优点是毋庸置疑的。云计算不仅大大降低了计算的成本，而且推动了互联网技术的发展。在众多公司和学者的研究下，未来的云计算将会有更好的发展。在不久的将来一定会有越来越多的云计算系统投入使用。在多语言电子商务平台中，通过阿里云的对象存储功能、缓存存储功能，以及多服务器部署，可支撑亿级数据量及访问量。

图 2-3　云计算涉及领域

## 2. 关系型数据库

关系型数据库（Relational Database Service，RDS）是一种基于华为云的在线关系型数据库服务，有即开即用、稳定可靠、安全运行、弹性伸缩、轻松管理、经济实用等特点，支持单机、主备或集群模式部署。RDS 支持三种数据库引擎——MySQL、SQL Server、PostgreSQL，是一种稳定可靠、可弹性伸缩的在线数据库服务。基于阿里云分布式文件系统和 SSD 盘高性能存储，RDS 支持 MySQL、SQL Server、PostgreSQL 和 PPAS（Postgre Plus Advanced Server，一种高度兼容 Oracle 的数据库）引擎，并且提供了容灾、备份、恢复、监控、迁移等方面的全套解决方案，可以彻底解决数据库运维的问题。

RDS 在功能方面有很多优点：

（1）即开即用。使用者可以通过阿里云官网或者 API 进行 RDS 规格定制，下发订单后 RDS 实时生成目标实例。RDS 配合 ECS 一起使用，在降低应用响应时间的同时还可以节省公网流量费用。

（2）按需升级。在业务初期，可以购买小规格的 RDS 实例来应对业务压力。随着数据库压力和数据存储量的变化，使用方可以灵活调整实例规格，且升级期间 RDS 不会中断数据链路服务。

（3）透明兼容。RDS 与原生数据库引擎的使用方法一致，无须二次学习，上手即用。另外 RDS 兼容用户现有的程序和工具。使用通用的数据导入导出工具即可将数据迁移到 RDS，迁移过程中的人力开销非常低。

（4）管理便捷。阿里云负责 RDS 的日常维护和管理，包括但不限于软硬件故障处理、数据库补丁更新等工作，保障 RDS 正常运转。使用者也可自行通过阿里云控制台完成数据库的增加、删除、重启、备份、恢复等管理操作。基本服务都能提供。

（5）参数优化。阿里云聚集国内顶尖的数据库专家，所有 RDS 实例的参数都是经过多年的生产实践优化而得。在 RDS 实例的生命周期内，DBA 持续对其进行优化，确保 RDS 一直基于最佳实践在运行。缺少 DBA，需要 DBA 调试出最佳配置塞入镜像，SQL 优化建议针对用户的应用场景特点，RDS 会锁定效率低下的 SQL 语句并提出优化建议，以便用户优化业务代码。

（6）高端硬件投入。RDS 使用的所有服务器硬件都经过多方评测，保证在性能和稳定性上都遥遥领先。

（7）防 DoS 攻击。当用户使用外网连接和访问 RDS 实例时，可能会遭受 DoS 攻击。当 RDS 安全体系认为用户实例正在遭受 DoS 攻击时，会首先启动流量清洗的功能，如果流量清洗无法抵御攻击或者攻击达到黑洞阈值时，将会进行黑洞处理。

（8）访问控制策略。用户可定义允许访问 RDS 的 IP 地址，指定之外的 IP 地址将被拒绝访问。每个账号只能看到、操作自己的数据库。

（9）系统安全。RDS 处于多层防火墙的保护之下，可以有力地抗击各种恶意攻击，保证数据的安全。RDS 服务器不允许直接登录，只开放特定的数据库服务所需要的端口。RDS 服务器不允许主动向外发起连接，只能接受被动访问。

（10）双机热备。RDS 采用热备架构，物理服务器出现故障后服务秒级完成切换。整个切换过程对应用透明。

（11）多副本冗余。RDS 服务器中的数据构建于 RAID 之上，数据备份存储在 OSS 上。块设备用的是 Ceph，对象存储也是 Ceph 的对象存储，只要 Ceph 不崩，就不会丢失数据备份。RDS 提供自动备份的机制。用户可以自行选择备份周期，也可以根据自身业务特点随时发起临时备份。

（12）数据恢复。支持按备份集和指定时间点的恢复。在大多数场景下，用户可以将 7 天内任意一个时间点的数据恢复到 RDS 临时实例或克隆实例上，数据验证无误后即可将数据迁回 RDS 主实例，从而完成数据回溯。只要 Ceph 对象存储内的备份数据还在，就能恢复出来。

### 3. 分布式消息服务系统 DMS

基于多语言电子商务平台的业务规模不断扩大，对稳定性、扩展性的要求不断提高，推动了后台架构技术的不断革新。面对日益复杂的需求，分布式系统的理念也逐渐深入到后台开发者的骨髓。所有的架构归根结底还是需要具体到进程层次实现的。以 DMS Library 的形式提供，集成该库即可实现面向服务的分布式通信。图 2-4 是 DMS 设计的总体结构设计以及结构说明图。

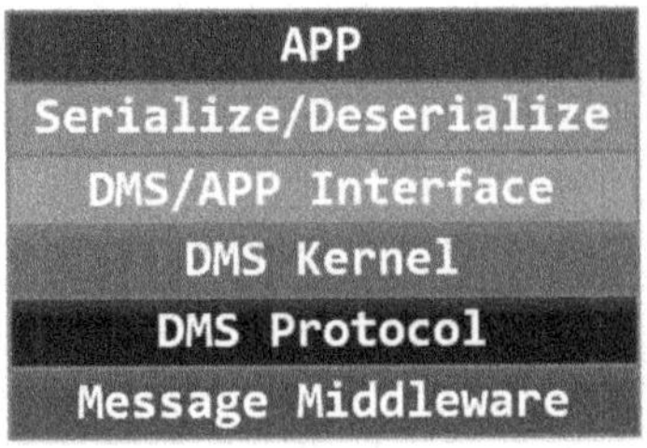


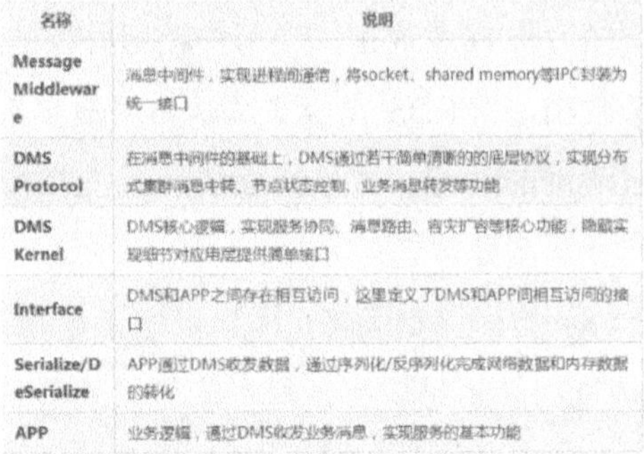

| 名称 | 说明 |
| --- | --- |
| Message Middleware | 消息中间件，实现进程间通信，将socket、shared memory等IPC封装为统一接口 |
| DMS Protocol | 在消息中间件的基础上，DMS通过若干简单清晰的的底层协议，实现分布式集群消息中转、节点状态控制、业务消息转发等功能 |
| DMS Kernel | DMS核心逻辑，实现服务协同、消息路由、弹性扩容等核心功能，隐藏实现细节对应用层提供简单接口 |
| Interface | DMS和APP之间存在相互访问，这里定义了DMS和APP间相互访问的接口 |
| Serialize/DeSerialize | APP通过DMS收发数据，通过序列化/反序列化完成网络数据和内存数据的转化 |
| APP | 业务逻辑，通过DMS收发业务消息，实现服务的基本功能 |

图 2-4　DMS 结构设计图（左）结构说明图（右）

消息中间件（Message Middleware）有很多选择。DMS 使用的是 ZeroMQ，这是因为其轻量级、性能强大、偏底层，所以灵活而且可控性较高。DMS Protocol 的基本组成中首帧一定是对端 ID，对端接收后也一定会获取信息发送端的 ID；第二帧包含 DMS 控制信息；第三、第四帧等全部是业务自定义的传输信息，如图 2-5 所示。DMS Kernel 根据 DMS Protocol 实现相关逻辑，并与业务交互。Interface 是 DMS 要求业务必须实现的接口，比如：Dispatcher 的负载均衡策略，对端服务状态变化通知，以及业务自定义路由算法等。Serialize/DeSerialize，App 业务的选择自由度较高。

```
Frame 0:  Peer Identity（最终接收端的标记，简称PIDF）
Frame 1:  Control Frame（DMS控制帧，包含命令字和附加内容，简称CF）
Frame 2:  业务信息1（仅对REQ-REP有意义，表示业务数据传输）
Frame 3:  业务信息2
…      :  …
```

图 2-5　DMS Protocol 各帧工作状态图

DMS 三大类典型应用场景：

（1）无 Broker 通信，最基础的通信方式——两个集群之间的 Instance 全连接，适合服务数量不多、逻辑不复杂的简单业务。

（2）Broker 通信。对于一个内部聚合的子系统，可能包含 *N* 个服务，这些服务之间相互存在较强的交互行为。使用无 Broker 模式可能有两个问题：

链路过多：通信层的内存占用较大；运营维护困难；服务没有解耦，直接依赖于对端的存在；这时 Broker 集群可以起到消息中转的作用，而且可以完成一些集中式逻辑处理。注意这里 Broker 只是一个名字，DMS Library 可以直接实现。

（3）Broker 级联通信。多个子系统相互通信，估计没有设计者愿意把内部细节完全暴露给对方，这时两个 Broker 集群就相当于门户：首先，可以实现内部子系统相互通信，以及集中逻辑；其次，可以作为所处子系统的对外接口，屏蔽细节。这样不同子系统只需通过各自的 Broker 集群对外提供服务即可。多语言电商网站在“双十一”等抢购活动中，将用户订单信息放入消息列表中，出库、发货等操作从队列里读取任务信息然后执行，实现异步处理。

### 4. 开源的分布式数据库系统 MyCat

虽然在云计算时代，传统数据库存在着先天性的弊端，但是 NoSQL 数据库无法将其替代。如果传统数据易于扩展，可切分，就可以避免单机（单库）的性能缺陷。MyCat 的目标就是：低成本地将现有的单机数据库和应用平滑迁移到“云”端，解决数据存储和业务规模迅速增长情况下的数据瓶颈问题。2014 年，MyCat 首次在上海的“中华架构师”大会上对外宣讲引发围观，更多的人参与进来，随后越来越多的项目采用了 MyCat。

从定义和分类来看，它是一个开源的分布式数据库系统，是一个实现了 My SQL 协议的服务器，前端用户可以把它看成一个数据库代理，用 MySQL 客户端工具和命令行访问，而其后端可以用 MySQL 原生协议与多个 MySQL 服务器通信，也可以用 JDBC 协议与大多数主流数据库服务器通信，其核心功能是分表分库，即将一个大表水平分割为 *N* 个小表，存储在后端 MySQL 服务器里或者其他数据库里。MyCat 发展到目前的版本，已经不是一个单纯的 MySQL 代理了，它的后端可以支持 MySQL、SQL Server、Oracle、DB2、PostgreSQL 等主流数据库，也支持 MongoDB 这种新型 NOSQL 方式的存储，未来还会支持更多类型的存储。而在最终用户看来，无论是哪种存储方式，在 MyCat 里，都是一个传统的数据库表，支持标准的 SQL 语句进行数据的操作，这样一来，对前端业务系统来说，可以大幅降低开发难度，提升开发速度。图 2-6 是 MyCat 的架构设计图。

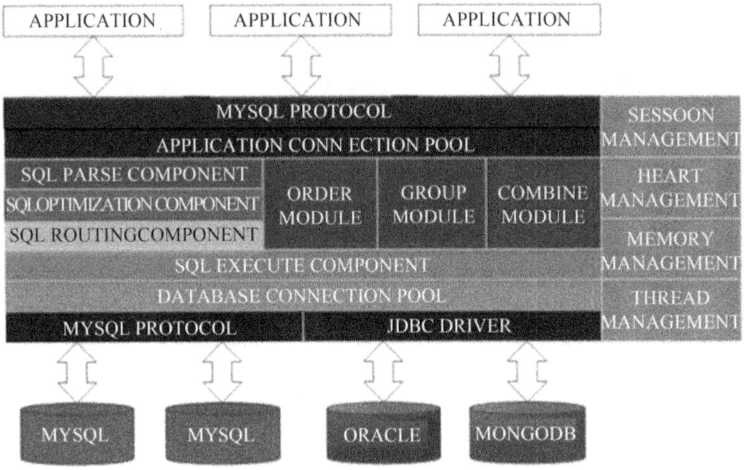


图 2-6　MyCat 架构设计图

MyCat 可以解决如下问题：

（1）连接过多问题，可以通过 MyCat 统一管理所有的数据源，后端数据库集群对前端应用程序透明。MyCat 早前系统架构如图 2-7 所示。

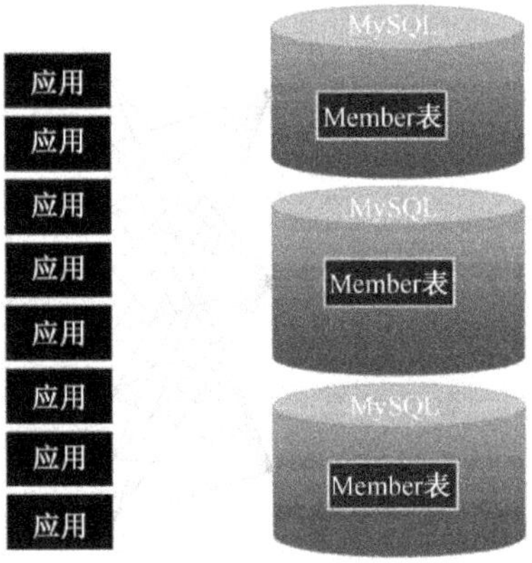


图 2-7　MyCat 早前系统架构

MyCat 引入连接复用解决多应用竞争问题，通过 MyCat 改造后，如图 2-8 所示。

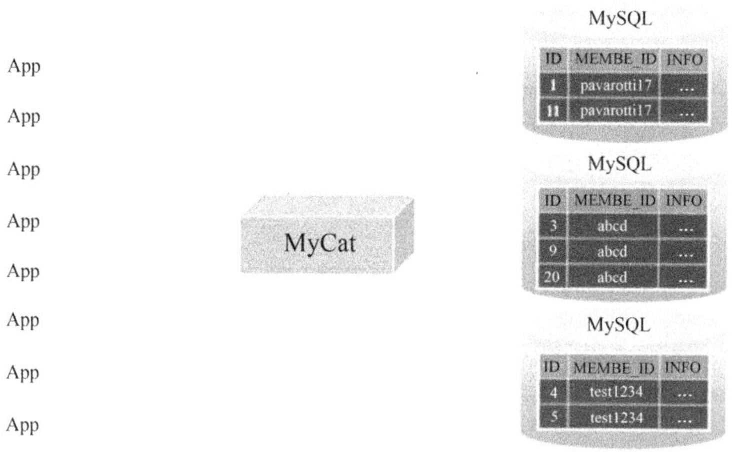


图 2-8　改造后的 MyCat

（2）独创的 E-R 关系分片，解决 E-R 分片难处理问题，存在关联关系的父子表在数据插入的过程中，子表会被 MyCat 路由到其相关父表记录的节点上，从而父子表的 Join 查询可以下推到各个数据库节点上完成，这是最高效的跨节点 Join 处理技术，也是 MyCat 首创，如图 2-9 所示。

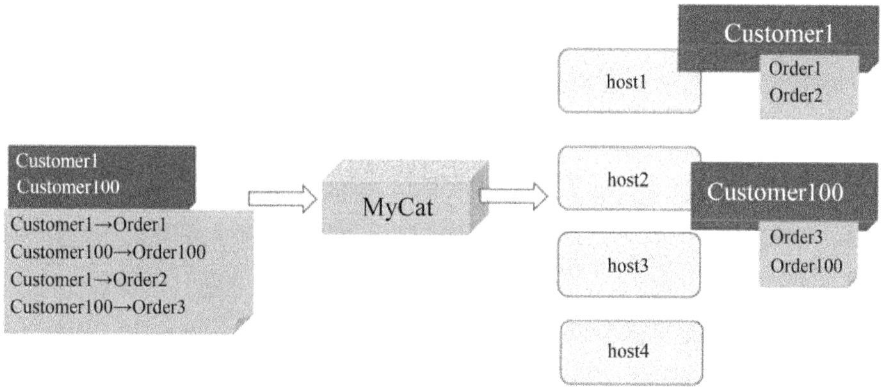


图 2-9　独创的 ER 关系分片

（3）采用全局分片技术，如图 2-10 所示，每个节点同时并发插入和更新数据，每个节点都可以读取数据，提升读取性能的同时，也解决跨节点连接的效率。

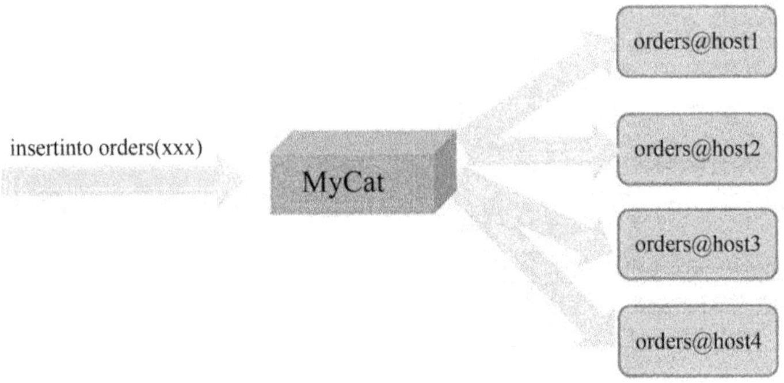


图 2-10　采用全局分片技术

5. 大数据技术

大数据技术是以数据为本质的新一代革命性的信息技术，在数据挖掘过程中，能够带动理念、模式、技术及应用实践的创新。从技术上看，大数据与云计算的关系就像一枚硬币的正反面一样密不可分。大数据必然无法用单台的计算机进行处理，必须采用分布式计算架构。它的特色在于对海量数据的挖掘，但它必须依托云计算的分布式处理、分布式数据库、云存储或虚拟化技术。早在 1980 年，著名未来学家阿尔文·托夫勒便在《第三次浪潮》一书中，将大数据热情地赞颂为“第三次浪潮的华彩乐章”。不过，大约从 2009 年开始，“大数据”才成为互联网信息技术行业的流行词汇。美国 Internet 数据中心指出，Internet 上的数据每年将增长 50%，每两年便将翻一番，而目前世界上 90%以上的数据是最近几年才产生的。此外，数据又并非单纯指人们在 Internet 上发布的信息，全世界的工业设备、汽车、电表上有着无数的数码传感器，随时测量和传递有关位置、运动、震动、温度、湿度乃至空气中化学物质的变化，也产生了海量的数据信息。

大数据的意义是由人类日益普及的网络行为所伴生的，受到相关部门、企业采集的，蕴含数据生产者真实意图、喜好的，非传统结构和意义的数据。大数据就是互联网发展到现今阶段的一种表象或特征而已，没有必要神话它或对它保持敬畏之心，在以云计算为代表的技术创新大幕的衬托下，这些原本很难收集和使用的数据开始容易被利用起来了，通过各行各业的不断创新，大数据会逐步为人类创造更多的价值。现在的社会是一个高速发展的社会，科技发达，信息流通，人们之间的交流越来越密切，生活也越来越方便，大数据就是这个高科技时代的产物。阿里巴巴创办人马云赴台演讲时提到，未来的时代将不是 IT 时代，而是 DT 的时代，DT 就是 Data Technology 数据科技，显示大数据对于阿里巴巴集团来说举足轻重。有人把数据比喻为蕴藏能量的煤矿。煤炭按照性质有焦煤、无烟煤、肥煤、贫煤等分类，而露天煤矿、深山煤矿的挖掘成本又不一样。与此类似，大数据并不在“大”，而在于“有用”。价值含量、挖掘成本比数量更为重要。对于很多行业而言，如何利用这些大规模数据是赢得竞争的关键。

大数据的价值体现在以下几个方面：

（1）对大量消费者提供产品或服务的企业可以利用大数据进行精准营销；

（2）做小而美模式的中长尾企业可以利用大数据做服务转型；

（3）面临 Internet 压力之下必须转型的传统企业需要与时俱进，充分利用大数据的价值。

不过，“大数据”在经济发展中的巨大意义并不代表其能取代一切对于社会问题的理性思考，科学发展的逻辑不能被淹没在海量数据中。著名经济学家路德维希 • 冯 • 米塞斯曾提醒过：“就今日言，有很多人忙碌于资料之无益累积，以致对问题之说明与解决，丧失了其对特殊的经济意义的了解。”这确实是需要警惕的。在这个快速发展的智能硬件时代，基于多语言商务平台通过大数据分析可以对电商进行大数据精细化运营，通过数据分析进行个性化商品推荐。如图 2-11 所示，大数据是因为信息交换、信息存储、信息处理三个方面能力的大幅增长而产生的数据。信息交换：曾经有学者估算过 1986 年到 2007 年，地球上每天可以通过既有信息通道交换的信息数量增长了约 217 倍，这些信息的数字化程度，则从 1986 年的约 20%增长到 2007 年的约 99.9%。

在数字化信息爆炸式增长的过程里，每个参与信息交换的节点都可以在短时间内接收并存储大量数据。信息存储：全球信息存储能力大约每 3 年翻一番。所存储信息的数字化程度也从 1986 年的约 1%增长开始大幅度增长。1986 年时，即便用上我们所有的信息载体、存储手段，我们也不过能存储全世界所交换信息的约 1%，而现如今信息存储能力的增加为我们利用大数据提供了近乎无限的想象空间。信息处理：有了海量的信息获取能力和信息存储能力，我们也必须有对这些信息进行整理、加工和分析的能力。谷歌、Facebook 等公司在数据量逐渐增大的同时，也相应建立了灵活、强大的分布式数据处理集群。大数据在应用层面往往可以取代传统意义上的抽样调查，可以实时获取，往往混合了来自多个数据源的多维度信息。大数据的价值在于数据分析以及分析基础上的数据挖掘和智能决策。

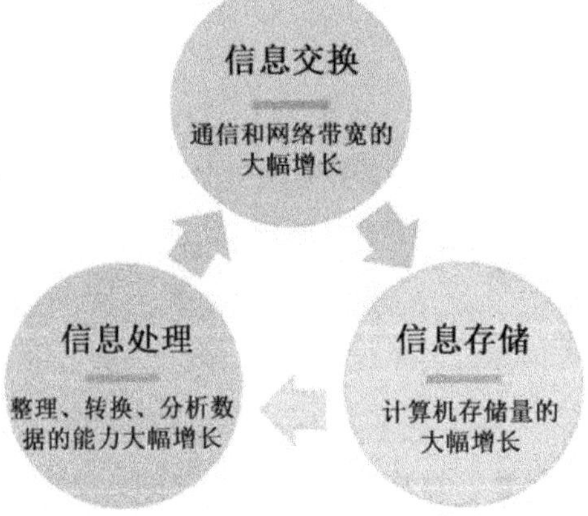


图 2-11　大数据增长的三大动力

2

第二部分

# 多语言电子商务平台管理员模块

# 第 3 章

# 系统及站点维护

为了清除系统运行中发生的故障和错误，维护人员要对系统进行必要的修改和完善；为了使系统适应用户环境的变化，满足新的需求，也要对原系统做一些局部更新。

本章主要讲述如何对 BBC 平台进行管理和维护，包括对失效信息的清理，搜索配置的更改，系统日志的管理，站点信息的修改等方面。

## 3.1 系统定时任务

系统定时任务可以分为两种，一种是获取服务端时间自动定时，如待付款订单的定时释放订单，另一种是后台手动设定时间限制，如商品中心的促销商品、秒杀商品，为单个商品设定促销时间及上架时间。关于商品中心，后台上传某个商品后，手动变更上下架状态，对于促销及秒杀活动，单独创建活动区商品或从商品中心选择活动商品，手动设定有效期、开始时间及结束时间。关于订单，待付款订单设定订单有效时间，从订单生成自动计时，过期自动释放，对于收货、评价等也可设置相应天数，确保自动收货和默认评价。

### 1. 定时任务

系统定时任务模块主要分为定时任务、队列管理以及失败队列管理三个功能模块。如图 3-1 所示为定时任务界面。在该列表中可以对每个任务进行编辑与执行操作，如图 3-2 所示为编辑计划任务界面，即是否开启或禁用该任务。单击“执行”按钮则是对该任务的执行。

图 3-1　定时任务界面

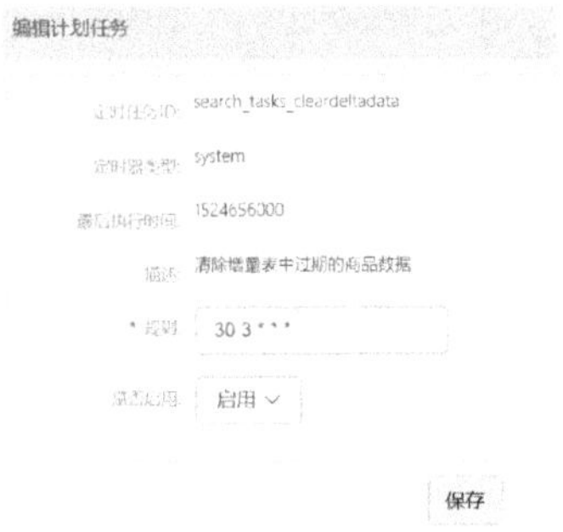


图 3-2　编辑计划任务界面

### 2. 队列管理

在电商系统中，消息队列是一种应用程序对应用程序的通信方法。应用程序通过读写出入队列的消息（针对应用程序的数据）来通信，而无须专用连接来链接它们。消息传递指的是程序之间通过在消息中发送数据进行通信，而不是通过直接调用彼此来通信，直接调用通常用于诸如远程过程调用的技术。排队指的是应用程序通过队列来通信。队列的使用除去了接收和发送应用程序同时执行的要求。

队列主要分为等待执行队列、执行中的队列以及延时队列三部分。本后台系统使用的是 Redis 队列，参与过抢购活动就知道，很明显的一点是即便商品实际没有了也可以成功下单，但是在支付的时候会提示商品没有了。如图 3-3 所示为队列管理界面。单击“详细参数”可以看到该队列的源码，如图 3-4 所示。对于不需要的队列信息可以执行删除选项。

图 3-3　队列管理界面

图 3-4　队列详细参数界面

## 3.2 系统搜索配置

系统搜索配置是为了解决以下问题：进驻商家较多，商品种类繁杂，用户无法在网站上一眼就能找到自己所要的目标商品，必须通过多重搜索筛选，大量商品对比，从而挑选出适合自己的商品，这样不仅要耗费大量时间，而且不一定能精准找到满意的商品。图 3-5 所示为搜索引擎管理界面。

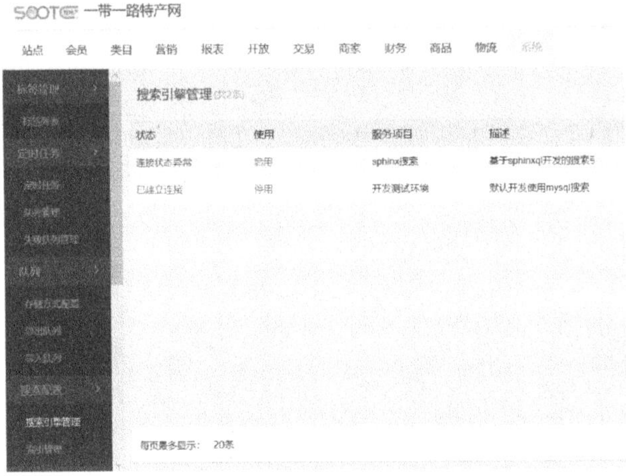


图 3-5　搜索引擎管理界面

本站点选用的搜索引擎在速度、返回信息量、信息相关度、易用性和稳定性方面都处于行业优先水平。

电商网站的商品数量达到一定量级的时候，比如已经上亿，淘宝、天猫应该更多，如果重建了一次索引需要启动，或者新上线了一个业务模块需要重启系统，是很麻烦的。

当集群大了以后有很多方法，比如分开启动之类。一般索引的加载都是使用 Linux 标准的 MMAP（MMAP 将一个文件或者其他对象映射进内存。文件被映射到多个页上，如果文件的大小不是所有页的大小之和，最后一个页不被使用的空间将会清零。MMAP 在用户空间映射调用系统中作用很大），这样启动会很快，但是系统会有预热时间，前面一些时间的查询会比较慢。如果数据量不是特别大，完全可以将数据一次性读入内存，因为 MMAP 的操作毕竟没有直接内存来得快。另外，尽量减少做全量数据的频率，避免整个系统的重启，这需要定期做索引的优化，把没用的索引去掉。如果新上了一个业务模块需要重启集群，将业务模块变成外部的模块或者插件进行上线才是正确的。

## 3.3 系统日志管理

系统日志是监视程序运行的一种重要的方式，主要有两个目的，即 Bug 的及时发现和定位以及显示程序运行状态。正确详细的日志记录能够快速地定位问题。同样，通过查看日志，可以看出程序正在做什么，是不是按预期的设计在执行，所以记录下程序的运行状态是必要的。通常将日志分为异常日志和运行日志两种。

日志管理模块主要分为平台操作日志、API 日志、平台登录日志、商家登录日志、短信日志以及会员登录日志六个功能模块，如图 3-6 所示。

图 3-6　平台操作日志界面

平台操作日志功能模块是管理员对该平台进行后台操作的记录。系统发生故障时可通过查看该日志检测管理员是否有违规操作。

API 接口是实现某种功能的封装，比如用户下单功能，就是把创建订单封装成了 API 接口。手机 App 及 PC 端的网站都使用下单 API 接口，都能实现创建订单的功能，为了防止 API 被第三方随意调用，所以在调用时要进行签名验证。API 日志功能模块是为了记录用户下单等系统提供的功能，如图 3-7 所示。

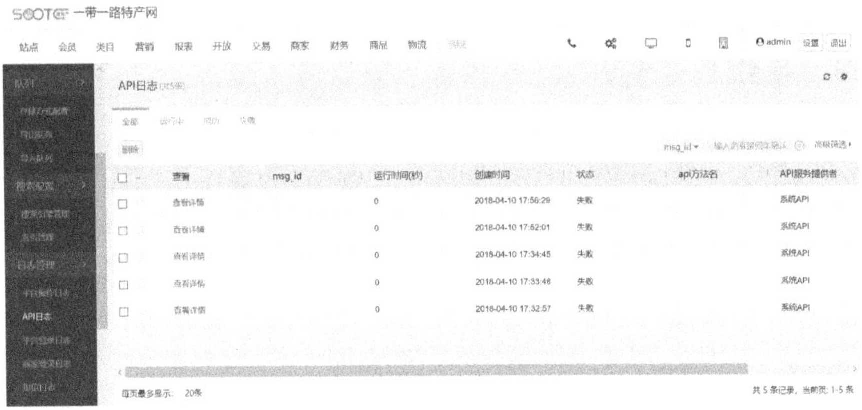


图 3-7　API 日志功能模块界面

在该功能界面中单击“查看详情”按钮可以对单条 API 日志记录详情进行查看，如图 3-8 所示。该日志信息处于失败状态是因为第三方随意调用了 API 并且未进行签名认证。签名认证的规则如下：

（1）设定一个密钥，如 key ='2323dsfadfewrasa3434'。

（2）这个 key 只有发送方和接收方知道。

（3）调用时，发送方组合各个参数用密钥 key 按照一定的规则（各种排序，如 MD5，ip 等）生成一个 access_key，一起 post 提交到 API 接口。

（4）接收方拿到 post 过来的参数及这个 access_key。也和发送一样，用密钥 key 对各个参数进行相同的规则（各种排序，如 MD5，ip 等）也生成一个 access_key2。

（5）对比 access_key 和 access_key2，相同则允许操作，不相同则报错返回或者加入黑名单。

平台登录日志功能模块是对管理员登录平台系统的记录，该模块是为了查看管理员的登录状态以及是否有不合法操作等信息。

商家登录日志功能模块是对商家登录操作的记录，由于该平台目前还没有商家入驻，因此该日志界面暂时没有记录显示。

短信日志功能模块可以显示对商家及用户发送的相关短信内容的状态情况，即发送成功或失败，如图 3-9 所示。在该界面中可以显示全部短信内容，包括发送中、发送成功和发送失败的短信内容。

图 3-8　API 日志信息界面

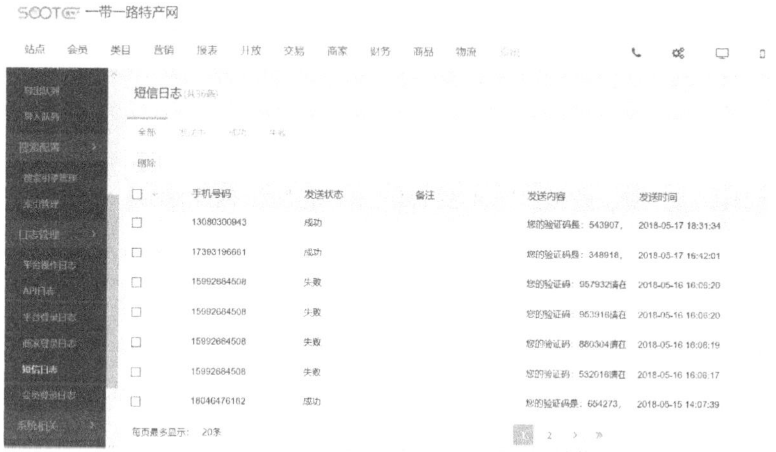


图 3-9　短信日志功能模块界面

会员登录日志功能模块是对注册会员登录平台系统的记录，如图 3-10 所示。在该功能模块中管理员可以查看会员登录状态，即登录账号、登录方式、登录时间、登录使用 IP 及登录平台等信息，是否有不合法操作，从而进行处理。

图 3-10　会员登录日志功能模块界面

# 3.4　站点模板管理

## 1. 模板管理

站点模板管理是对网页界面设计的模板进行上传和编辑。图 3-11 所示为计算机端模板管理界面。图 3-12 所示为移动端模板管理界面。

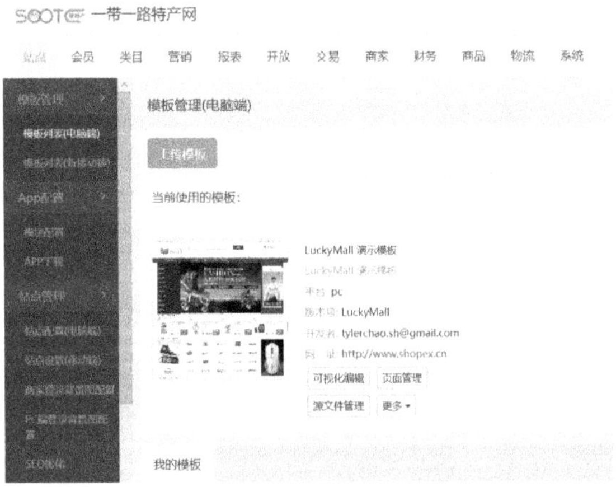


图 3-11　计算机端模板管理界面

图 3-12　移动端模板管理界面

模板编辑分为可视化编辑、页面管理和源文件管理，如图 3-13 所示。对于当前模板单击“更多”按钮，可以执行下载、设置备注名称、备份模板、还原至上一个版本、维护、清除模板缓存等多项操作。

图 3-13　可视化编辑模板界面

## 2. App 配置

App 配置功能模块分为模块配置和 App 下载两个功能模块。其中，模块配置可以选择添加一个模块，在执行该操作后弹出如图 3-14 所示窗口，根据需要填入相关内容即可。添加完模块后，可以选择配置挂件信息，如图 3-15 所示填入实际信息后保存并关闭窗口即可。同时，执行“删除”选项也可以对多余的挂件进行删除。

图 3-14 添加模块界面

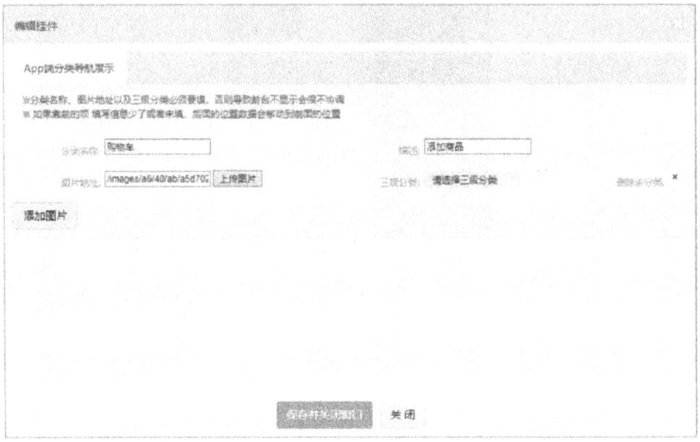


图 3-15 配置挂件演示

### 3. App 下载

App 通常用于 iPhone 手机，也可以用于安卓等其他手机。App 是英文 Application 的简称，由于 iPhone 智能手机的流行，现在的 App 多指智能手机的第三方应用程序。App 的主要优势有：①App 用户增长速度快、经济能力强、思维活跃；②App 可整合 LBS、QR、AR 等新技术，带给用户前所未有的体验；③App 基于手机的随时随身性、互动性特点，容易通过微博、SNS 等方式分享和传播，实现裂变式增长；④App 的开发成本相比传统营销手段成本更低；⑤通过新技术以及数据分析，App 可实现精准定位企业目标用户，实现低成本快速增长；⑥用户手机安装 App 以后，企业即埋下一颗种子，可持续与用户保持联系。

App 下载引导配置主要包括对 App 的名称设置，iOS App 和安卓下载地址的设置，以及 App 推广设置等功能，如图 3-16 所示。

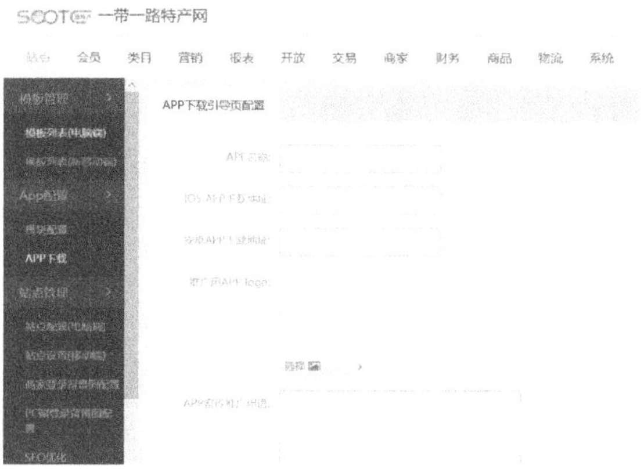


图 3-16　App 下载界面

## 3.5　站点信息修改（计算机端）

站点管理模块主要执行对网站基本信息的编辑修改、商家登录背景图配置以及 SEO 优化和页面管理等操作。电脑端站点设置主要包括对商城名称、商城 Logo、登录注册页左侧大图、备案号、网页底部信息以及注册协议的信息，如图 3-17 所示是对基本信息的编辑。

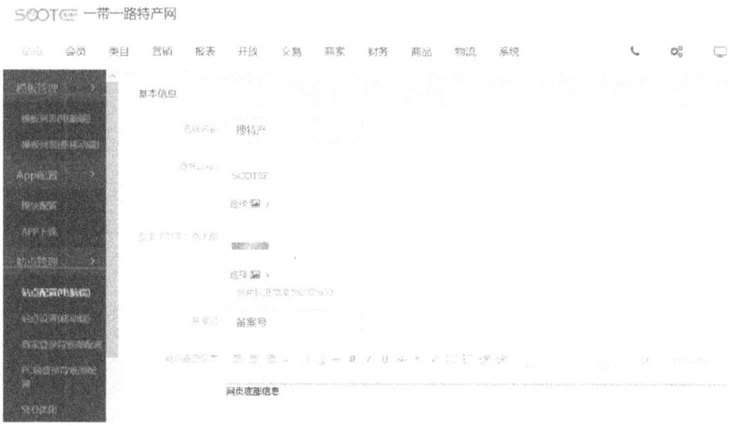


图 3-17　站点基本信息编辑界面

商家登录背景图配置如图 3-18 所示，单击左下方“选择图片”按钮，可以选择添加图片。

页面管理功能模块是对网站中文章类目、文章列表和商家文章进行管理。在文章栏目模块中，首先要添加文章类目，如图 3-19 所示，对文章栏目进行分类管理。其次，添加文章子类目，如图 3-20 所示，对文章进行分类管理。

最后，添加具体文章，如图 3-21 所示，包括对文章标题的添加、客户端选择以及文章 Logo、所属文章类目和文章内容的设置等操作。

图 3-18　商家登录背景图配置界面

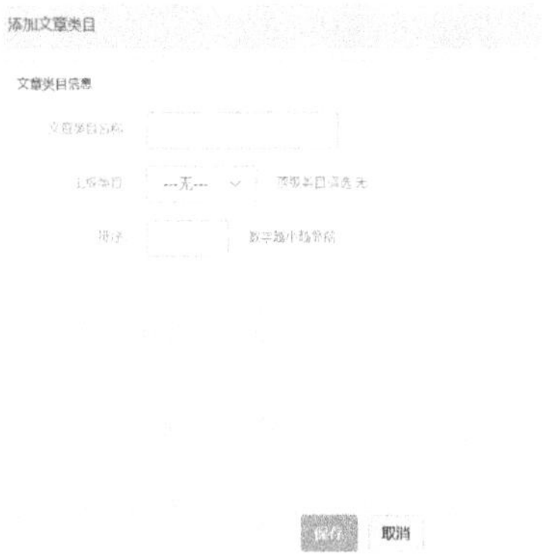


图 3-19　添加文章类目界面

图 3-20　添加文章子类目界面

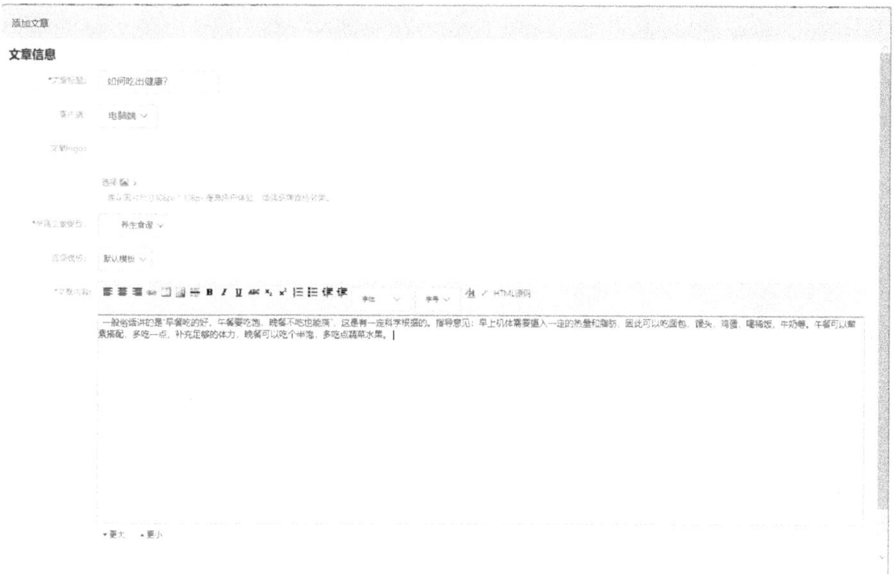


图 3-21　添加具体文章界面

由于本网站平台基于多语言开发，所以在文章类目中还可以添加语言，如图 3-22 所示。

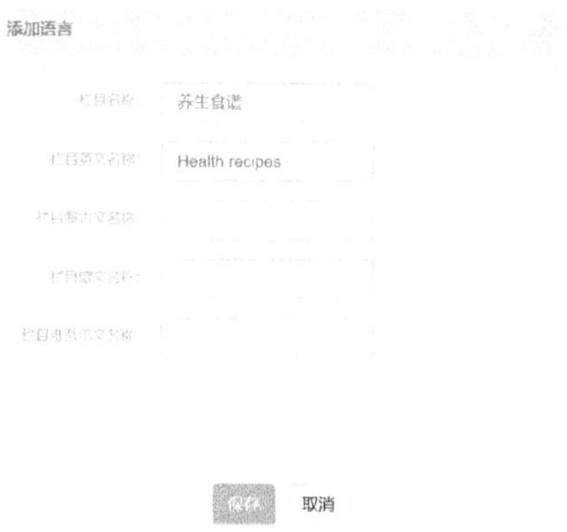


图 3-22　添加语言界面

文章添加完毕后，如图 3-23 所示，在文章栏目中会罗列出所有的文章信息，可以查看具体文章，如图 3-24 所示；也可以浏览网站界面的文章栏目内容，如图 3-25 所示。

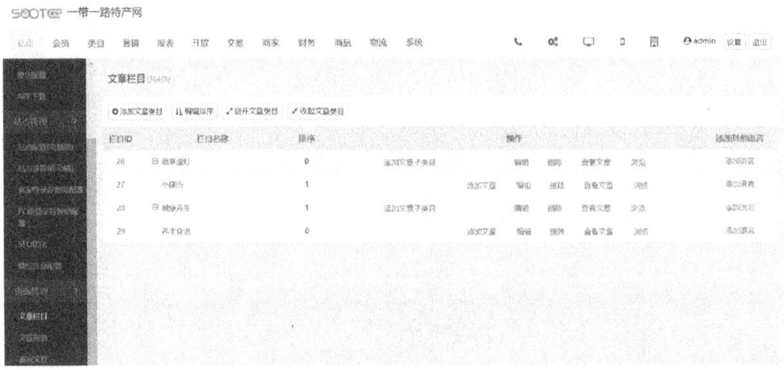


图 3-23　文章栏目界面

图 3-24　查看网站文章

图 3-25　浏览网站文章栏目

文章列表功能模块用于对该网站中所有的文章进行罗列管理，如图 3-26 所示，在该模块中可以进行添加文章、添加单独页和删除等操作。可以直接对文章进行添加和删除，操作便捷，也可以对文章进行编辑和预览操作。

商家文章功能模块用于显示商家在后台对文章的发表等操作，如图 3-27 所示。管理员可以对商家发表的文章进行查看管理。

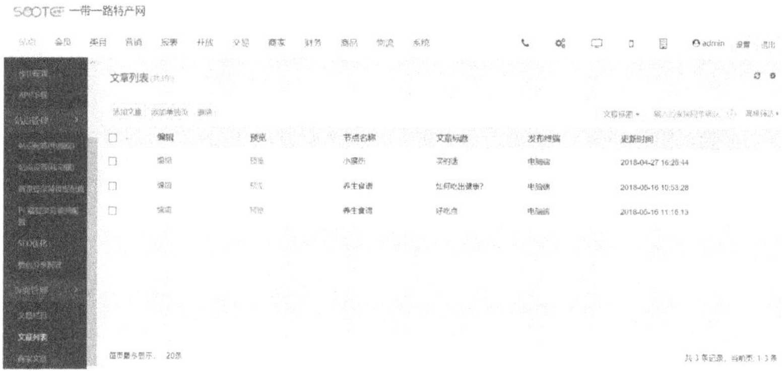


图 3-26　文章列表界面图

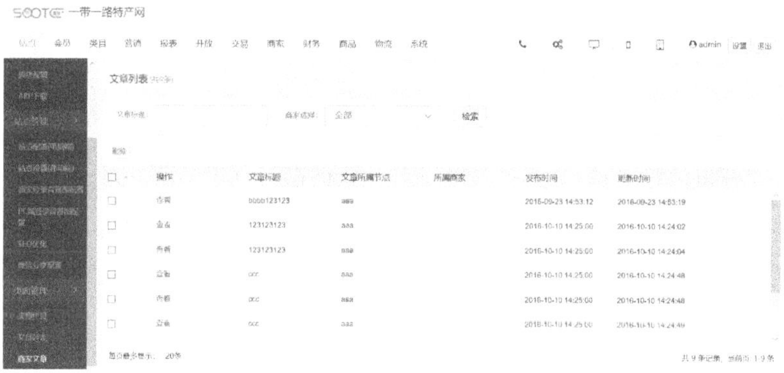


图 3-27　商家文章界面图

## 3.6　站点信息修改（移动端）

移动端的站点设置主要包括 WAP 端商城和苹果端桌面图标设置，以及 WAP 端商城名称、底部信息、会员注册协议以及使用协议的设置，如图 3-28 所示。

图 3-28　WAP 端基本配置界面

PC 端登录背景图配置如图 3-29 所示，单击左下方“选择图片”按钮，可以选择添加图片。用户可在首次登录该网站时对登录界面背景图片进行设置。

图 3-29　PC 端登录背景图配置

SEO 优化功能模块用于对广义上的移动端网站 SEO 优化，即对搜索引擎的优化，包括除 PC 端外的所有浏览设备。移动端用户碎片化的浏览习惯，造成移动端流量的大增，因此采用 SEO 优化为网站提供生态式的自我营销解决方案，让网站在行业内占据领先地位，从而获得品牌收益。

SEO 包含站外 SEO 和站内 SEO 两方面。SEO是指为了从搜索引擎中获得更多的免费流量，从网站结构、内容建设方案、用户互动传播、页面等角度进行合理规划，使网站更适合搜索引擎的索引原则的行为。使网站更适合搜索引擎的索引原则又称为对搜索引擎优化，对搜索引擎优化不仅能够提高 SEO 的效果，还会使搜索引擎中显示的网站相关信息对用户来说更具有吸引力。图 3-30 所示为 SEO 网店优化界面。

图 3-30　SEO 网店优化界面

在该模块中执行 SEO 默认配置是对具体商品信息的优化处理，可以添加页面标题、关键词和页面描述相关内容信息，如图 3-31 所示。单击“查看”按钮，管理员可以查看每条记录的详细信息，如图 3-32 所示。

图 3-31　SEO 默认配置界面

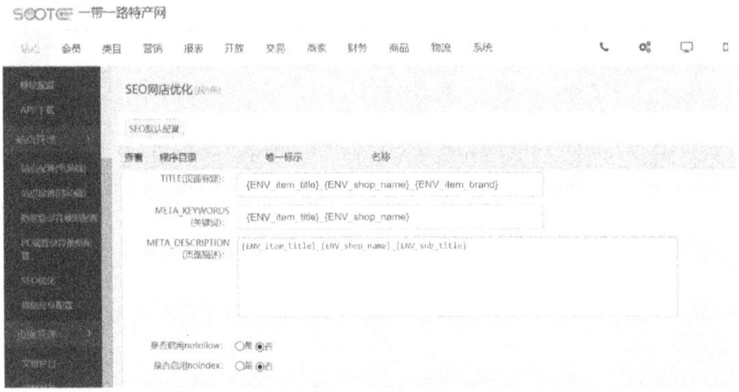


图 3-32　查看 SEO 优化具体信息界面

# 3.7　微信分享配置

将平台微信链接分享给朋友或者分享到朋友圈的链接带有自定义的 title、描述、图片，需要配置 js-sdk（地址：mp.weixin.qq.com）微信文档，需要后台配置 config 的参数，返回给前台。

微信分享配置模块主要用于对 AppID 和 AppSecret 的设置，即开发者 ID 和密码的设置，如图 3-33 所示。二者配合使用，可调用公众号的接口能力，就是在开发过程中使用微信相关功能时候，必须有在微信官方认证过的账号和密码。

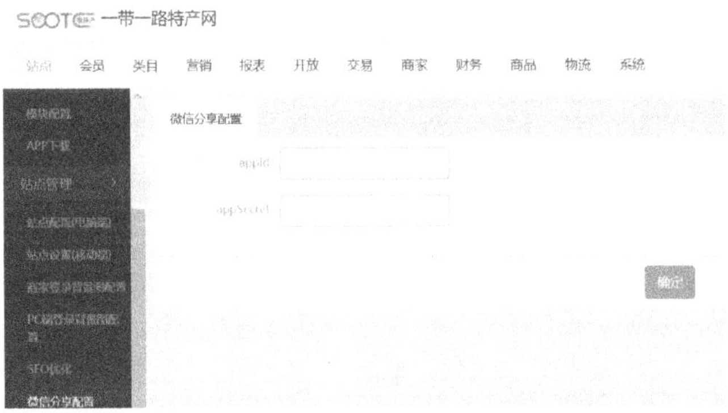


图 3-33　微信分享配置界面

微信是一个非常好的推广和分享平台。要在微信中分享，就需要获取此应用对应的 AppID 和 AppSecret，而且需要通过审核，没有审核的 AppID 是无法在实际中应用的。

要获取 AppID，可以用如下办法：

（1）登录到微信开放平台，注册一个微信开放平台的账号，如果已经有了，可以直接登录。单击右上角“注册”按钮进行注册，如图 3-34 所示。

图 3-34　微信开放平台主页图

（2）登录后直接进入“管理中心”界面，这里有“移动应用”“网站应用”“公众账号”“第三方平台”几个分项，如果有其他需求则可以单击相应分项，如图 3-35 所示。

图 3-35　微信开放平台管理中心图

（3）单击“创建移动应用”按钮。按照页面所要求的内容“填写基本信息”（图 3-36），信息应尽可能完善，有利于审核通过。最后单击“下一步”按钮。

图 3-36　填写移动应用的基本信息

（4）在“填写平台信息”中选择应用要投放的应用市场平台，是 Android 还是 iOS。最后提交审核，如图 3-37 所示。

图 3-37　填写将要投放的市场

（5）应用通过审核后，在管理中心中单击应用后面的“查看”按钮，如图 3-38 所示。

图 3-38　查看应用图

（6）在“应用详情”中，可以看到提交应用的相关详细信息，也可以在这里完善信息。在应用 Logo 图标旁边就可以找到 AppID 了，如图 3-39 所示。

注意事项：开发者邮箱一旦注册不能变更，建议使用公司公共邮箱，而不是员工私人邮箱注册，以免员工离职等情况造成不必要的麻烦。

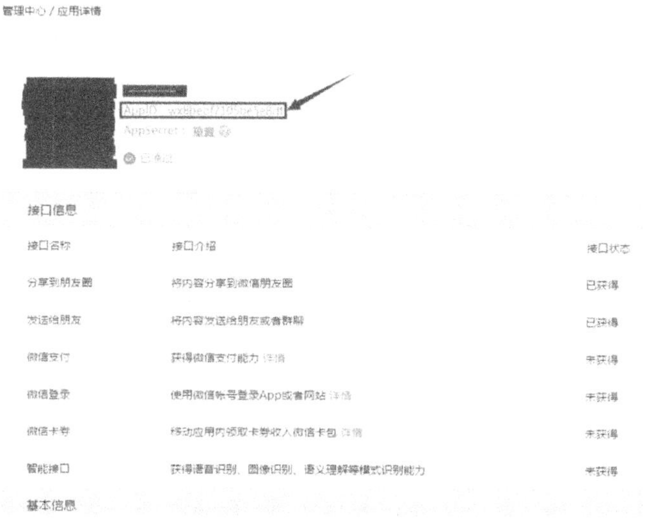


图 3-39　查看 AppID 和 AppSecret 图

# 第 4 章

# 商品类别管理

商品管理是电商平台的重中之重。对于运营后台商品管理，主要满足以下需求：

（1）使用户在前端能快速发现商品（主要依赖于搜索以及商品列表页的筛选、前台分类的运营及精准化推荐等）。

（2）使用户能得到尽可能多的决策必须信息（如品牌、名称、规格、价格等）。

（3）使管理员能够结构化地管理整个平台的商品库。

本章介绍如何对商品类目进行管理操作。

## 4.1 品牌与属性管理

### 1. 品牌列表

商品品牌与属性管理模块主要是对商品的品牌与商品类型进行说明。管理员进入后台界面后，首先单击类目菜单，进入商品的类别管理模块，在类目列表中单击品牌列表功能选项，出现如图 4-1 所示界面，实现对商品的品牌类型设置功能。

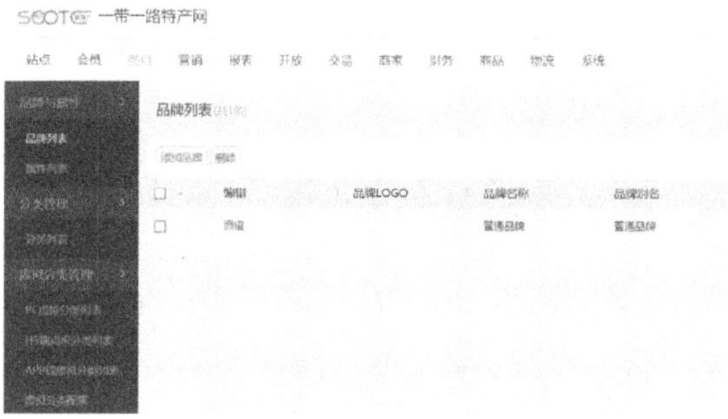


图 4-1　品牌与属性界面图

首先，添加商品品牌，如图 4-2 所示。单击“添加品牌”按钮后，出现如图 4-3 所示对话框，对应实际情况填写相应内容并保存即可。在品牌添加中，可以上传图片 Logo，如图 4-4 所示出现选择图片类型的对话框，有从本地选择图片、从图库选择图片和互联网上的图片三种模式可供选择。除此之外，还可以为所选图片添加标签。当图片选择完毕后，单击“确认”按钮即可。

图 4-2　品牌列表界面

图 4-3　添加品牌界面

图 4-4　上传图片 Logo 界面

其次，编辑品牌。如图 4-5 所示，该功能是对已添加的品牌列表进行内容修改。然后，筛选品牌类别。如图 4-6 所示，为了管理员便捷管理品牌类别，在界面右上角输入对应的品牌名称，单击“搜索”按钮，可以快速筛选出该类别的所有商品。

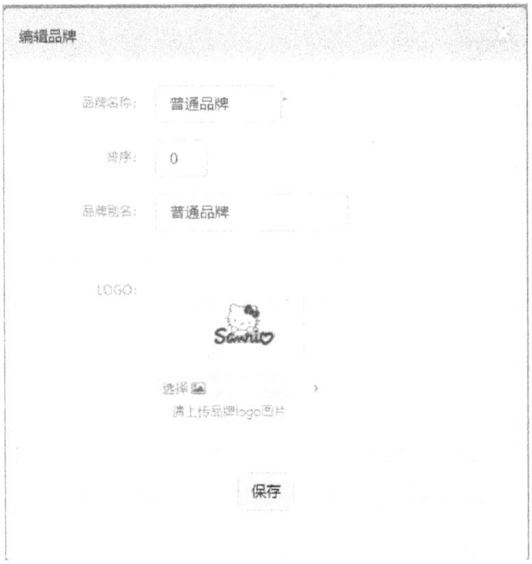


图 4-5　编辑品牌界面

图 4-6　筛选品牌结果界面

## 2. 属性列表

商品类别管理中，属性列表是对商品的具体描述。商品的属性通常包括单位、颜色、型号等，如图 4-7 所示。

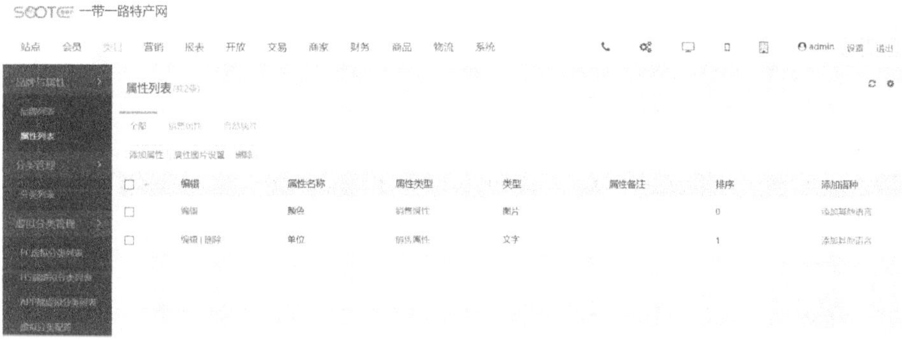


图 4-7　属性列表界面

首先，添加属性。其步骤与品牌列表相同。其次，设置属性图片，有三种模式可供选择，若想修改之前添加的属性内容，则单击“编辑”按钮，进入编辑品牌对话框更改内容。最后，与品牌列表不同，在属性列表设置中，有添加语种功能，如图 4-8 所示，可以添加英文、蒙文、藏文以及维吾尔文，并添加属性值。

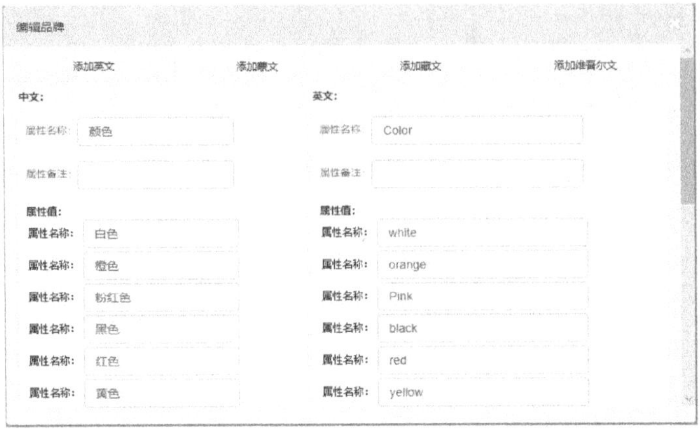


图 4-8　添加多语种界面

## 4.2　分类管理

分类管理模块用于对商品的类型进行区分。该网站对商品实现了三级分类，包括丝路特产、蔬菜、水果、肉类、粮油米面、中草药材、农副产品、农味服务以及味在四川九部分，如图 4-9 所示。分别添加一级、二级和三级分类。

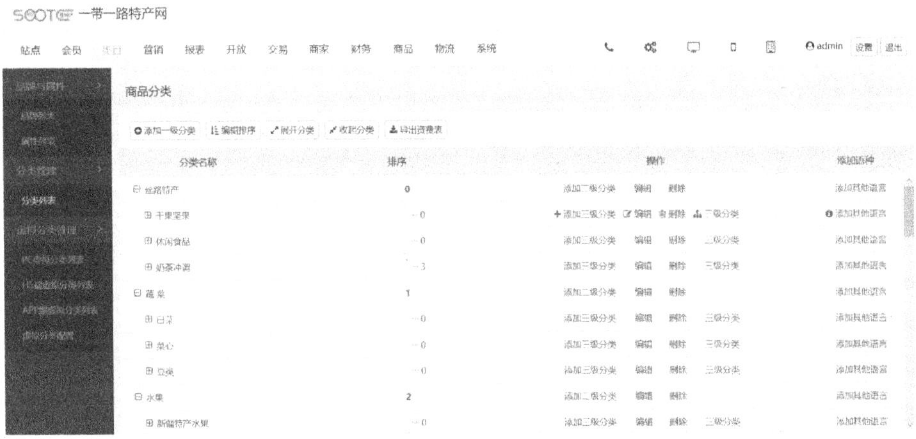


图 4-9　分类列表界面

首先，添加一级标题。在商品分类列表中，单击上方“添加一级标题”按钮，出现如图 4-10 所示对话框，根据实际商品类型填写内容即可。

其次，按照同样的方式添加二级分类和三级分类，如图 4-11 和图 4-12 所示。二级分类和三级分类必须在对应的一级分类下进行编辑，以免出现商品归类错误。

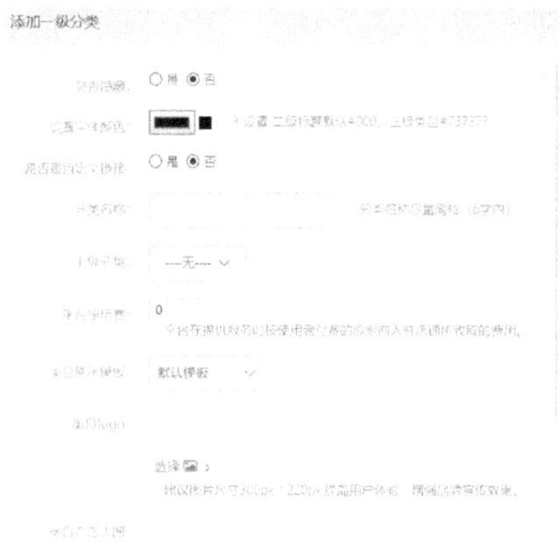


图 4-10　添加一级分类界面

图 4-11　添加二级分类界面

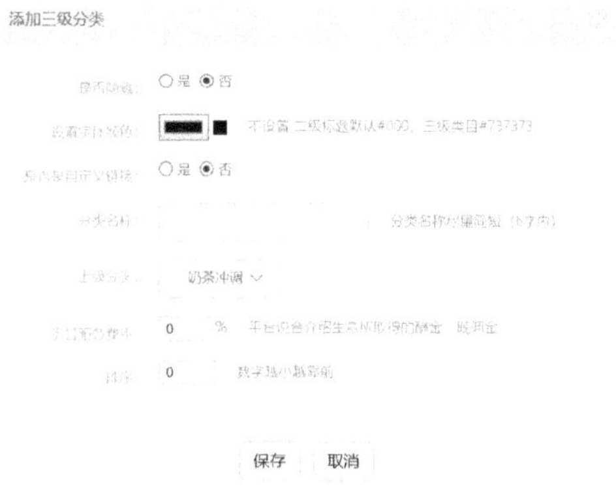


图 4-12　添加三级分类界面

再次，对添加好的分类可以进行编辑排序，即按照菜单罗列的先后顺序显示。数字小的排在前面，如图 4-13 所示。若排列序号都填写完毕，单击“保存排序”按钮即可。由于该平台是基于多语言的，还可以添加其他语言，包括英文、蒙文、藏文和维吾尔文，如图 4-14 所示。

最后，分类列表编辑完毕后，可以导出资费表，如图 4-15 所示。导出的是.xls 文件格式，在导出资费表时必须要对导出内容进行描述。

图 4-13　编辑排序演示

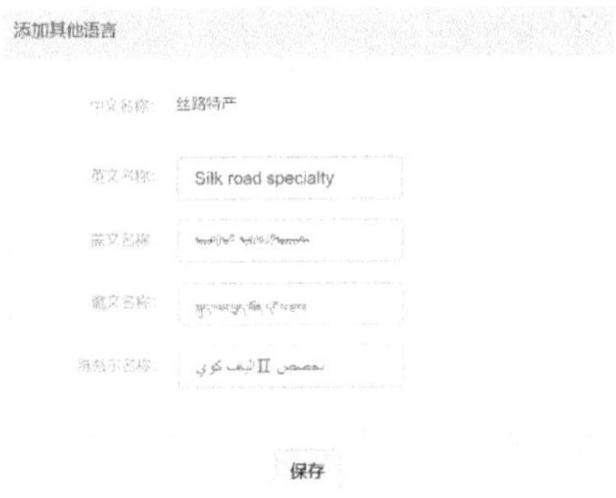


图 4-14　添加其他语言演示

图 4-15　导出资费表演示

## 4.3　虚拟分类管理

虚拟分类管理功能模块主要用于添加临时活动或广告等信息，如图 4-16 所示。在该模块下又分为 PC 虚拟分类列表、H5 端虚拟分类列表、App 端虚拟分类列表以及虚拟分类配置四个功能模块，其中，每一个功能模块用于不同的客户端界面，如计算机端和移动端用户等。

首先，在每个虚拟分类列表中分别添加一级、二级和三级分类，其添加方法同商品分类列表一样，如图 4-17 所示，单击“添加一级虚拟分类”弹出窗口，填入相应内容即可。

然后，在对应的一级虚拟分类标题下添加二级标题，如图 4-18 所示。最后，在对应的二级虚拟分类标题下添加三级标题，如图 4-19 所示。

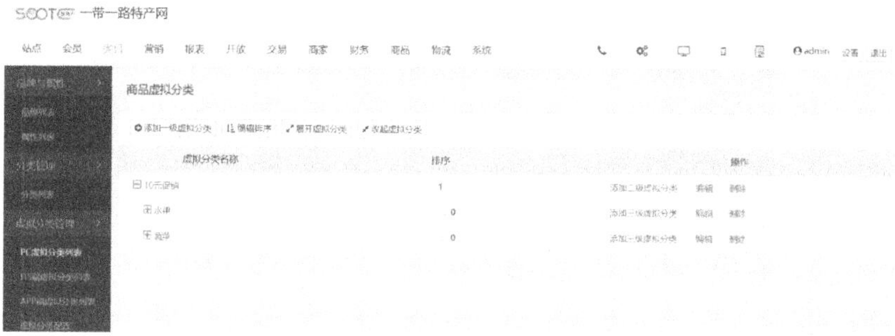


图 4-16　PC 虚拟分类列表界面

图 4-17　添加一级虚拟分类演示

图 4-18　添加二级虚拟分类演示

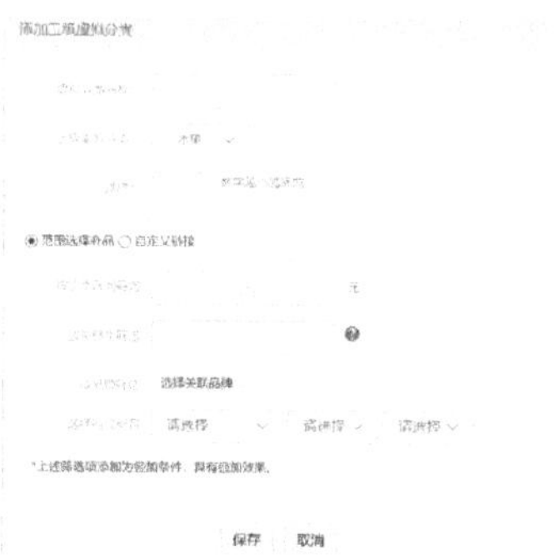


图 4-19　添加三级虚拟分类演示图

H5 端和 App 端虚拟分类方法可参照 PC 端虚拟分类方法，在此不做过多赘述。在虚拟分类配置功能模块中，主要是对移动端虚拟分类进行设置，如图 4-20 所示。可以选择开启或关闭 H5 端或 App 端虚拟分类列表的显示状态。

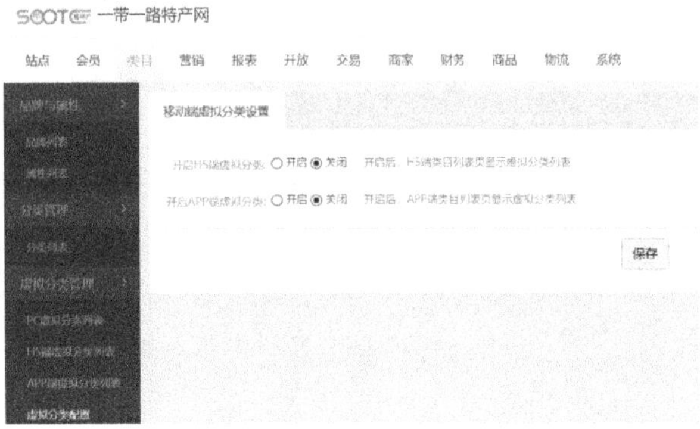


图 4-20　虚拟分类配置界面

# 第 5 章

# 商品内容发布

上架后的商品会在前台和商家模板上进行显示，管理员可对已经发布的商品进行审核，如果发现不合规定或失效的商品可对其进行下架处理。管理员可对商家与顾客线上的咨询问题进行管理，添加商品的排序规则等操作。

## 5.1 商品列表

商品列表功能模块主要分为商品列表和商品咨询两部分，如图 5-1 所示。商品列表是对已发布商品的管理，即进行商品的上架和下架，以及自营商品的管理等。商品咨询是对商品具体信息的查访，即商品的库存与配货情况、商品支付方式，以及商品发票和保修问题等，如图 5-2 所示。

图 5-1　商品列表界面

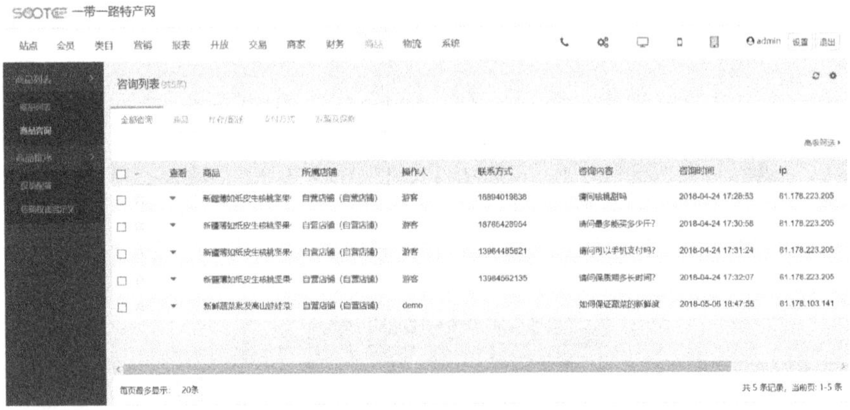


图 5-2　咨询列表界面

### 1. 商品列表

首先，在商品列表中，可以选择不需要的商品进行下架操作，如图 5-3 所示，在已下架列表中会显示下架商品的信息。

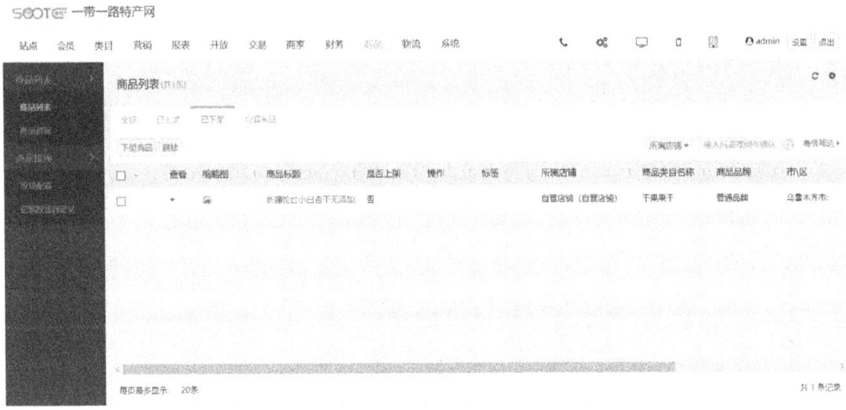


图 5-3　已下架商品界面

其次，对于下架商品还可以进行重新上架，即当某件商品销售完下架储备后，可以选择重新上架发布该商品。此时，在商家后台管理系统中，单击“商品列表”按钮，已下架的商品可以在“仓库中”列表看到，如图 5-4 所示。选择需要发布的商品，再单击“上架”按钮即可重新发布该商品。

图 5-4　商品上架界面

最后，在商品列表中可以进行高级筛选，如图 5-5 所示。在界面的右上角单击“高级筛选”，将需要筛选查看的商品信息填入对应的选项即可进行筛选查看。

图 5-5　商品高级筛选演示

## 2. 商品咨询

商品咨询是买家在前台对商品详情进行询问，然后通过后台管理员进行回复的一种功能模块，如图 5-6 所示。

图 5-6　商品咨询界面

在商品咨询界面可以查看买家的问题，在商家管理后台可以对相关问题进行回复。同时，管理员也可以选择该问题是否显示在前台页面中，如图 5-7 所示，单击“关闭显示”按钮，则在买家页面中看不到此问题。

同样，在咨询列表中可以进行高级筛选，如图 5-8 所示，若单击查看已回复的商品咨询筛选，则显示出相关筛选结果，简洁明了，便于管理员操作。

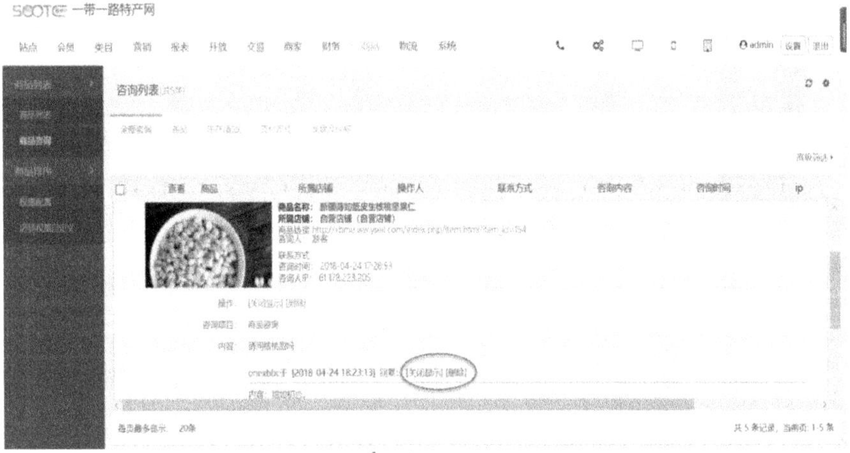


图 5-7　商品咨询列表管理界面

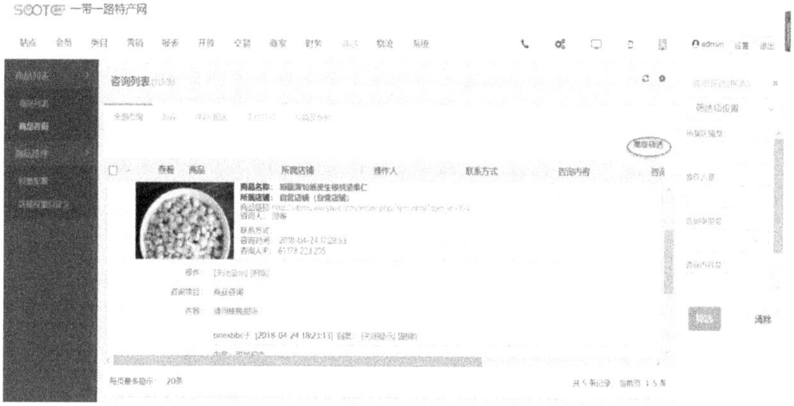


图 5-8　高级筛选演示

## 5.2　商品排序

商品排序分为权重配置和店铺权重自定义两个功能模块。商品的权重，就是商品发布信息在搜索引擎中的一个分值，这个分值是内部的一个评测值。经过权重规则计算后，商品权重得分越高排名就越高，本系统中影响权重的因素有商品质量、上下架、商品维护、店铺等。图 5-9 所示为系统权重分配界面。

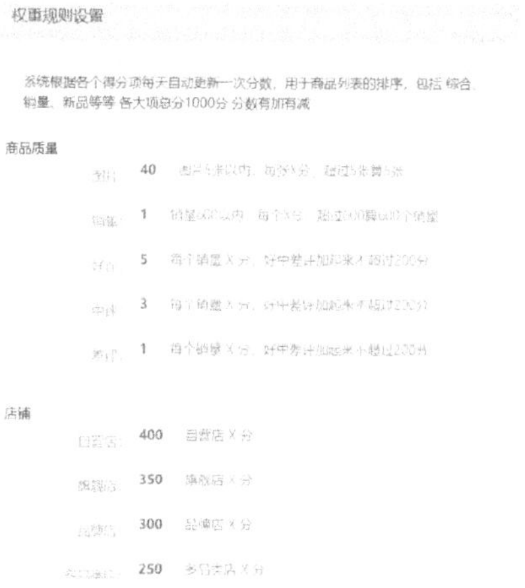


图 5-9　系统权重分配界面

### 1. 权重配置

添加权重规则，如图 5-10 所示。可对已添加的权重规则进行编辑修改。包括规则名称、规则描述、商品质量、上下架、商品维护以及店铺等信息，添加完毕后单击“保存”按钮即可。

图 5-10　权重规则设置界面

### 2. 店铺权重自定义

如图 5-11 所示，对于店铺可以自定义权重值，即根据权重规则设置，在店铺类型基础分上可以调整分数，且最后得分不可超过系统默认总分。

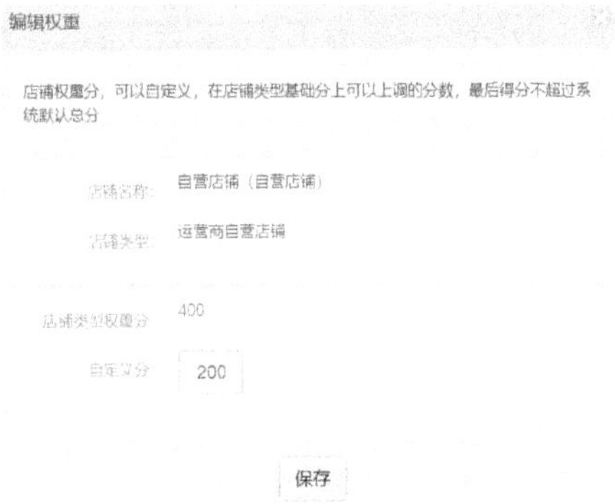


图 5-11　店铺权重自定义界面

# 第 6 章

# 商家信息管理及维护

商家信息管理主要是对各个商户企业进行简单有效的日常管理。

本章介绍对商家账号的修改、注册协议的制定、店铺的管理、商家交流等操作。

## 6.1 商家账号

商家账号分为账号列表和商家注册协议两个功能模块。其中，账号列表是将添加的自营用户进行罗列，从而管理用户，如图 6-1 所示。商家注册协议是用来规范对商家的管理，只有满足条件的商家才能允许注册开店进行销售服务。

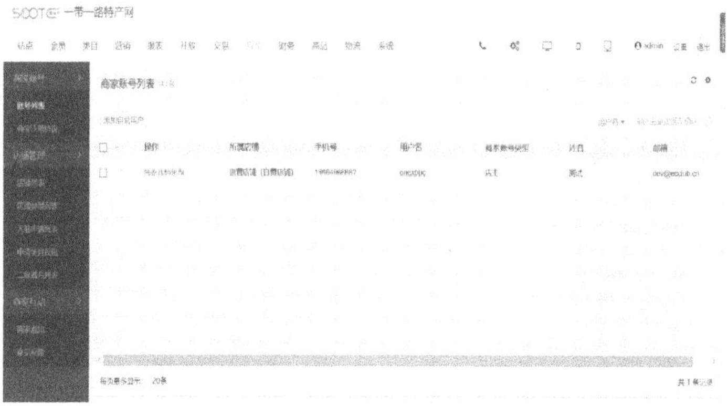


图 6-1 账号列表界面

### 1. 账号列表

首先，添加自营用户。在账号列表界面左上方单击“添加自营用户”按钮，弹出如图 6-2 所示对话框。管理员根据用户个人信息填入相应内容即可。

其次，单击“商家密码修改”按钮可对原始密码进行修改，两次输入的密码必须一致，如图 6-3 所示。

### 2. 商家注册协议

该功能模块主要是对协议书的制定，《用户注册协议》可以制约商家滥用违法手段干扰网站的运行，如图 6-4 所示。

图 6-2　添加自营用户界面

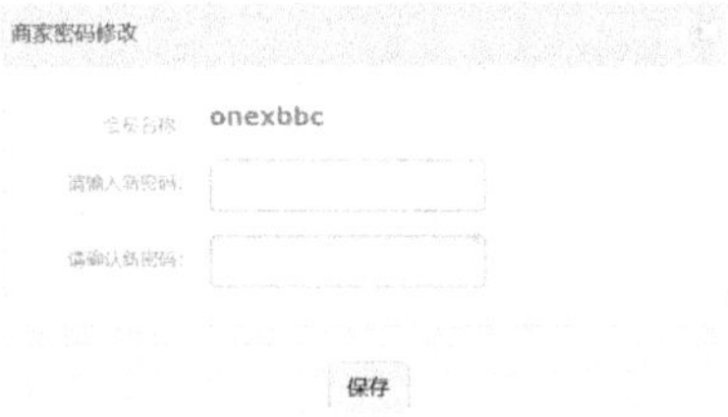


图 6-3　商家密码修改界面

图 6-4　商家注册协议界面

## 6.2　店铺管理

店铺管理分为店铺列表、店铺类型列表、入驻申请列表、申请类目权限以及二级域名列表五大功能模块。

### 1. 店铺列表

首先，添加自营店铺。单击“添加自营店铺”按钮，弹出如图 6-5 所示对话框，再将对应信息内容填入并保存即可。

图 6-5　添加自营店铺界面

其次，添加商家通知。在如图 6-6 所示界面中，有关闭店铺、编辑和添加商家通知三个操作功能。单击“添加商家通知”按钮后，弹出如图 6-7 所示对话框，根据实际内容填写即可。

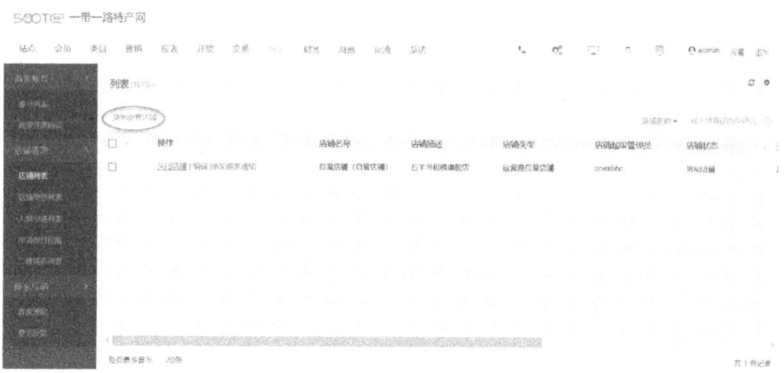


图 6-6　添加商家通知界面

单击“关闭店铺”按钮，弹出如图 6-8 所示对话框，填写相应内容即可。若商家经营不当或有其他原因而选择关闭店铺，则该店铺的所有商品都将下架。

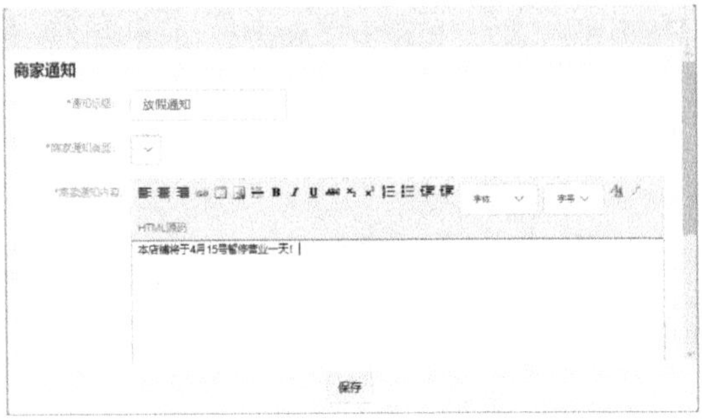


图 6-7　添加商家通知界面

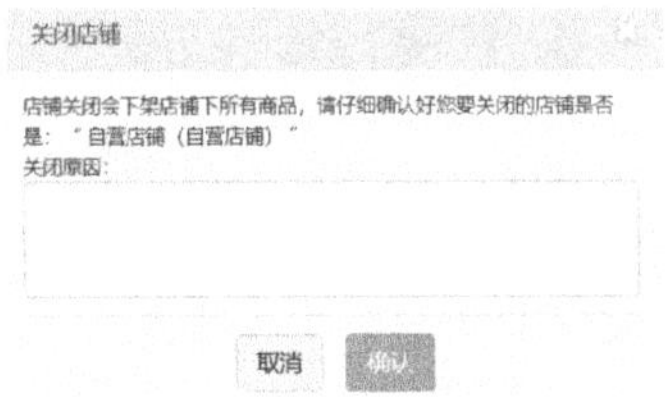


图 6-8　关闭店铺界面

## 2. 店铺类型列表

本网站将店铺分为品牌旗舰店、品牌专卖店、类目自营点、运营商自营以及多品类通用型五种类型，如图 6-9 所示。其中，一个网站中只能有一家品牌旗舰店，而其他类型店铺则没有此限制。

在店铺类型列表中，可以对每一类型的品牌进行配置，如图 6-10 所示。然后，根据实际情况进行填写即可。

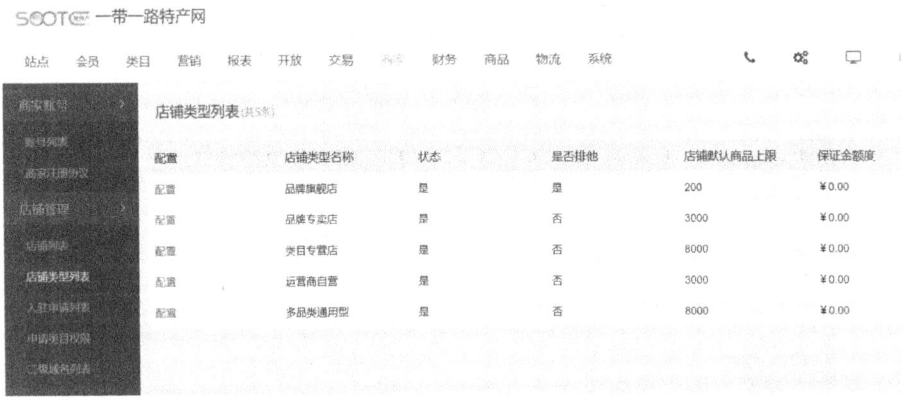


图 6-9　店铺类型列表界面

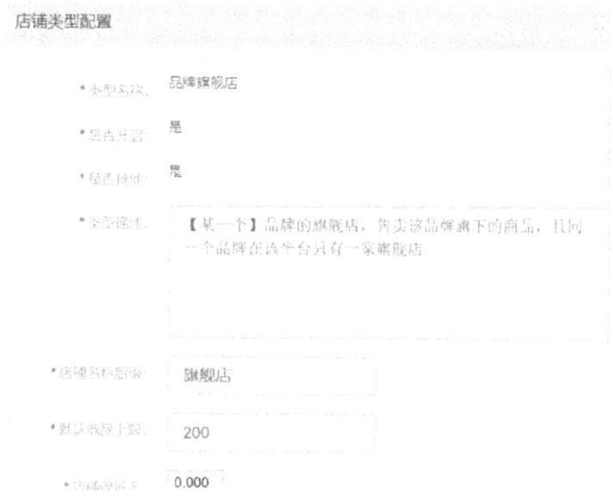


图 6-10　店铺类型配置界面

### 3. 入驻申请列表

入驻申请列表功能模块是对商家申请店铺经营权的信息记录。首先，商家要在商家后台界面中注册账号，如图 6-11 所示。

图 6-11　商家注册界面

然后，注册成功后在后台管理员商家入驻申请列表界面中存有记录，如图 6-12 所示，从而管理员可以对每条商家信息进行操作处理，包括待审核、审核通过、审核驳回等操作。

由于该平台目前还没有对外开放，所以在商家入驻申请列表中暂时没有记录显示。同时，单击“入驻协议配置”按钮，管理员可以根据相关条例制定或修改商家入驻协议，如图 6-13 所示。

图 6-12　入驻申请列表界面

图 6-13　入驻协议配置界面

### 4. 申请类目权限

申请类目权限功能模块用于对商家发布特种类目商品提供权限，即当商家需要经营某类商品时，需要先申请备案才可以发布相对应的商品，如图 6-14 所示。

然后，管理员可以执行审核通过和审核驳回操作，进行信息处理。

图 6-14　申请类目权限界面

## 5. 二级域名列表

二级域名允许商家根据自己的需要，在不触犯相关申请规则的情况下设置自己的域名，有了二级域名访问店铺的时候，默认地址栏中就会显示商家设置的域名。因此，在该功能模块中管理员可以看到商家的二级域名设置情况，如图 6-15 所示，即店铺 id、二级域名、店铺管理员、修改次数及最后修改时间等信息。

图 6-15　二级域名列表界面

# 6.3 商家互动

商家互动用于商家和管理员之间的信息交流，商家互动分为商家通知和意见反馈两个功能模块。

## 1. 商家通知

该功能模块主要用于管理员对全网站所有商家发布相关信息，如图 6-16 所示。

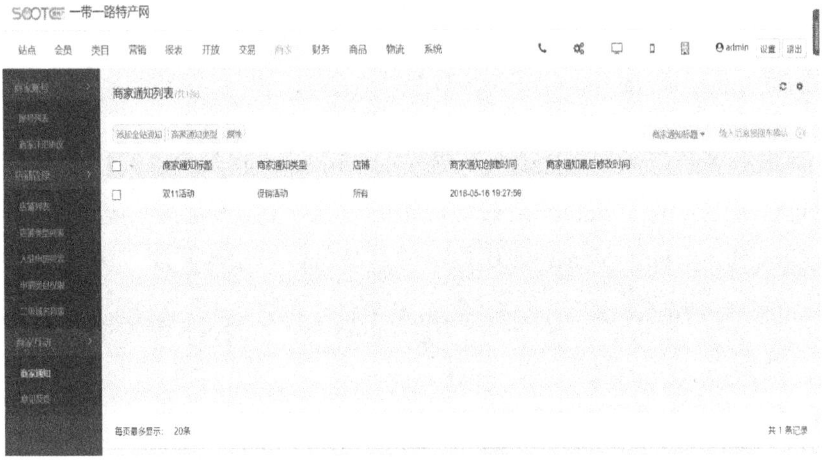


图 6-16　商家通知界面

首先，管理员进行通知时要先单击“商家通知类型”按钮，对通知内容的类型进行描述，如图 6-17 所示。

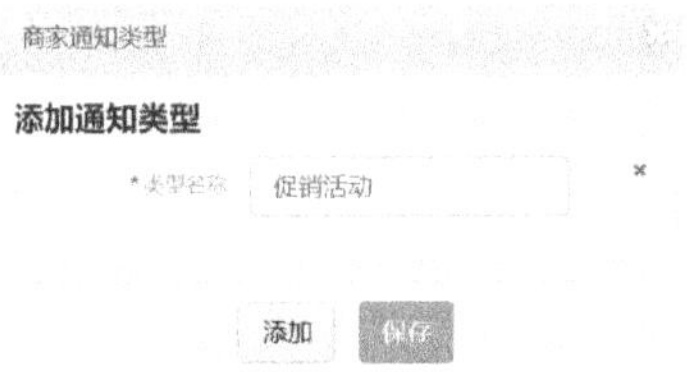


图 6-17　商家通知类型界面

然后，添加全站通知，如图 6-18 所示，填入相关内容。当该通知失效时，选择相应通知，单击“删除”按钮即可。

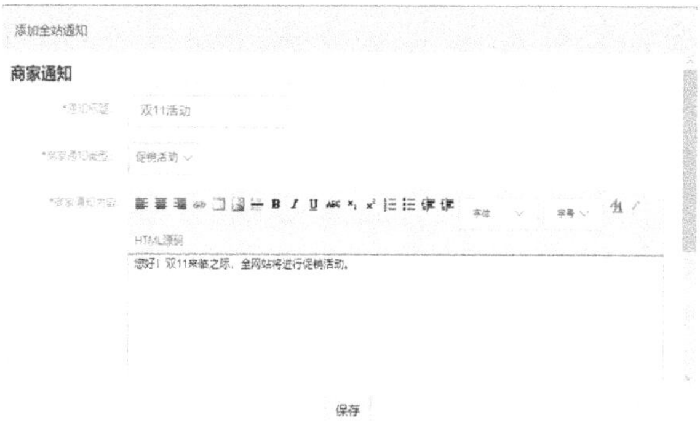


图 6-18　添加全站通知界面

## 2. 意见反馈

该模块是商家对该网站提出的意见及建议，由管理员进行查看并处理，如图 6-19 所示。

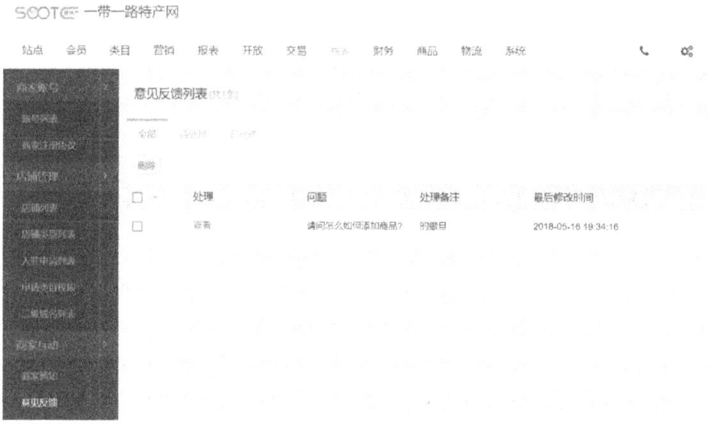


图 6-19　商家意见反馈界面

管理员收到商家意见反馈信息后，要进行处理操作，如图 6-20 所示，可对相关问题及建议进行回复。当问题处理完毕后，可在已处理列表中查看处理内容，如图 6-21 所示。

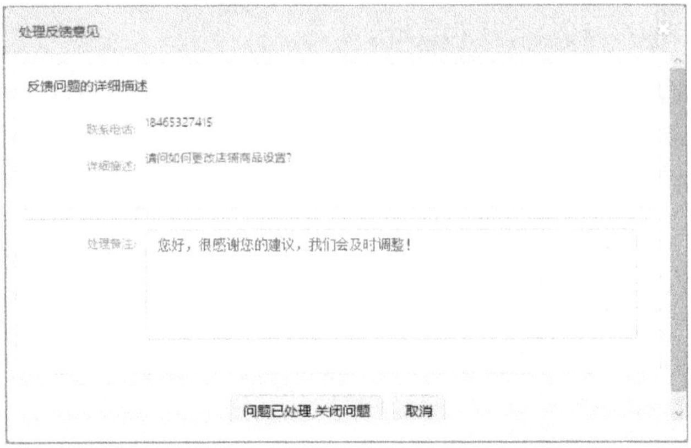


图 6-20　处理反馈意见界面

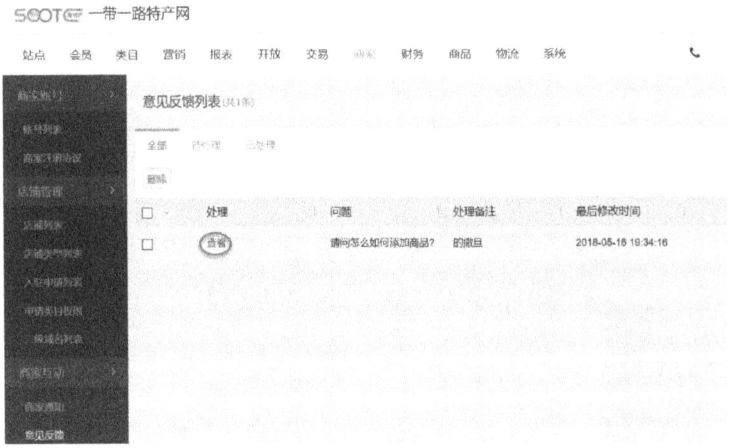


图 6-21　已处理问题查看界面

# 第 7 章

# 物流信息管理

实现网上购物，必须要有物流的支持。然而在电商系统最初建立时，物流行业的不发达，导致企业只能在以往邮购的基础上为消费者提供物流配送服务，或者是连锁大商场派遣员工提供上门服务。可以说，诞生之初的物流配送耗时多，服务不到位。一些小企业只能在某一个街区内实现电商的服务。但无论如何，电商物流的服务在电商成立之时就已经开始，属于电商不可分割的一部分，而经营虚拟商品的完全电商服务虽然并不依赖物流，但它只是我国电商的很小一部分。在电子商务不断发展壮大的今天，物流已经成为各大电商企业的关注重点。首先，电商物流伴随着电商诞生应运而生，对电商发展具有影响作用。其次，电商物流主要有两种模式：第三方物流和自建物流。

本章介绍的是如何添加物流公司，对物流信息进行跟踪等操作。

## 7.1 物流中心

物流中心是指以大、中城市为依托，有一定规模的，经营商品储存、运输、包装、加工、装卸、搬运的场所。物流中心一般配有先进的物流管理信息系统，其主要功能是促使商品更快、更经济地流动。集中储存，提高物流调节水平。有机衔接，加快物流速度，缩短流通时间，降低流通费用。根据需要适当加工，合理利用货源，提高经济效益。物流中心按其作用可分为集货中心、分货中心、发运中心、配送中心、储备中心和加工中心。

在本网站中，物流中心主要执行运费模板设置、运费管理（前端订单、真实物流成本）、物流状态保存查询（快递 100、菜鸟等服务关联），如果是跨境电商，还涉及和海关总署的对接，进行报关操作。该模块主要分为物流公司和物流跟踪设置两个功能模块。

首先，添加一个物流公司，如图 7-1 所示。

图 7-1　添加物流公司界面

除此之外，还可以初始化物流公司，即对已添加的物流公司不变动，新增默认物流公司数据，如图 7-2 所示。

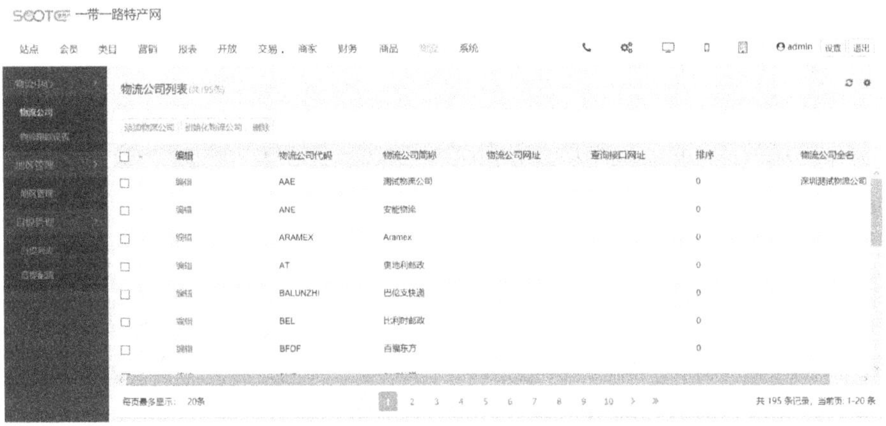


图 7-2　初始化物流公司界面

物流跟踪设置可以对订单进行跟踪查询，如图 7-3 所示。

图 7-3　物流跟踪设置界面

## 7.2　地区管理

区域物流系统是现代物流产业集聚发展的要求。产业集聚视经济体为一种网络组织形式，强调发挥区域各种资源要素的整合能力及其协同效应。现代物流是支持社会扩大再生产的血脉，是一个跨行业、多部门、各种运动形式交集的活动和产业形态，现代物流企业组织、物流及其关联生产要素和物流企业生产能力必然遵循产业集聚发展的规律，在空间上形成区域化发展趋势。

地区管理可以对全国各地区进行添加编辑，如图 7-4 所示。单击“添加地区”按钮弹出如图 7-5 所示界面，根据实际情况填入相关信息即可。使用同样的方法可以进行子地区的添加，如图 7-6 所示。当所有地区都添加完毕后，需要将数据保存同步到前台。

图 7-4　地区管理界面

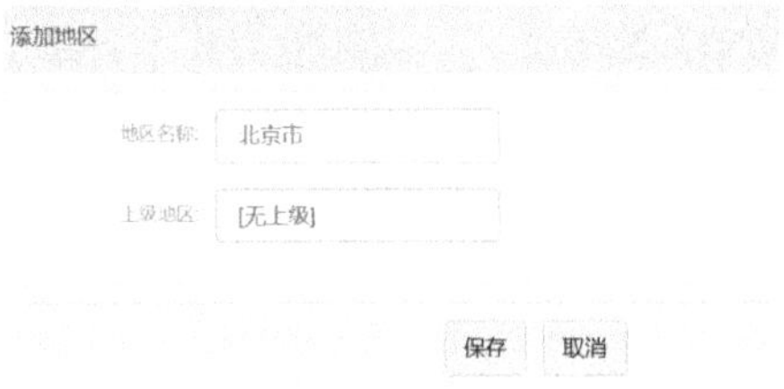


图 7-5　添加地区界面

图 7-6　添加子地区界面

## 7.3　自提管理

快递自提点是一种建立在电子商务发展基础上的新型业务。他是电子商务结合线下物流、快递、仓储的一种新型的快递包裹收发模式。目前在国内这种模式已经经过多家电子商务公司和快递公司探索并将逐步完善和发展。

自提模式正在成为破解快递配送“最后一公里”难题的关键钥匙。目前，全国业务量最大的申通快递宣布投资 3000 万元，在社区和学校等地建立了约 3 万个自提货柜。此前，顺丰、韵达等多个位居行业前列的快递公司已经先于申通快递在便利店、超市进行了自提点布局。

对于“最后一公里”配送方面，自建物流的选择余地也更大。以京东为例，在商品到达配送站后，京东的配送人员先用 Pda 对商品进行扫描并二次分拣后，将商品按照大小件和配送地址远近装进送货箱。除了这种模式，京东还可根据客户需求将商品配送至各个自提点、自提货柜，并通过手机短信方式通知用户取件。自提管理主要分为自提列表和自提配置两个功能模块。在自提列表中可以添加自提点，如图 7-7 所示。自提配置是对自提信息进行开启或关闭，如图 7-8 所示。

图 7-7　添加自提点界面

图 7-8　自提配置界面

3

第三部分

# 多语言电子商务平台商家管理模块

# 第 8 章 交易信息查询

交易信息管理是电子商务流程中的重要一环，也是电子商务稳步发展的基础。物流过程复杂，物流平台和电子商务平台之间存在信息脱节的问题，而这一问题严重制约着电子商务的发展。

本章通过对国内外物流发展过程中理论和技术实践的探索以及对我国西北少数民族地区物流情况进行的研究，结合实际项目需要，提出设计多语言农产品电商交易信息管理系统，使系统满足具有不同语言背景的使用者，有效地将供应商、不同电商平台、物流供应商、客户这四方的信息进行整合，同时满足快速、高效、稳定的性能要求。

## 8.1 交易订单查询

后台管理员通过会员账号和密码成功登录网站后台以后，单击“交易”，这时会显示出“交易信息”一栏，如果想要查询交易订单，则单击交易列表，这时可以查询到所有交易订单、等待付款订单、已付款订单、已完成订单、已关闭订单。管理员还可以通过搜索订单商品来查询用户所购买的物品。交易列表的详细信息包括查看、操作、订单号、所属商家、会员用户名、配送模板 ids、自提地址、订单状态、取消订单状态、结算状态、取消订单原因、实付金额、积分抵扣金额、收货人姓名、订单创建时间、付款时间、结算时间、修改时间、收货人详细地址、收货人手机号。商家可以通过这些信息对顾客交易进行统一管理。交易列表如图 8-1 所示。

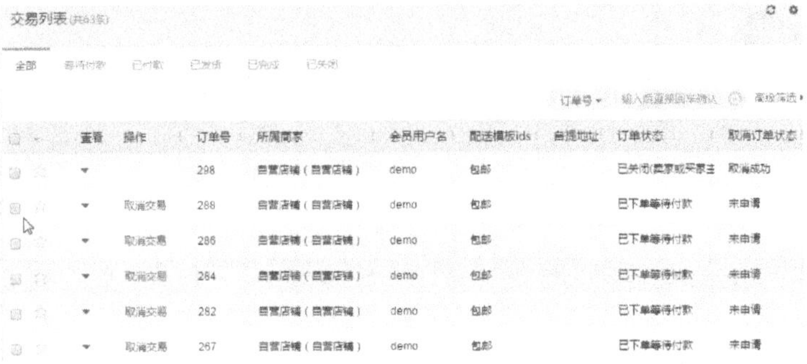

交易列表

| 查看 | 操作 | 订单号 | 所属商家 | 会员用户名 | 配送模板ids | 自提地址 | 订单状态 | 取消订单状态 |
|---|---|---|---|---|---|---|---|---|
|  |  | 298 | 自营店铺（自营店铺） | demo | 包邮 |  | 已关闭(卖家或买家主 | 取消成功 |
|  | 取消交易 | 288 | 自营店铺（自营店铺） | demo | 包邮 |  | 已下单等待付款 | 未申请 |
|  | 取消交易 | 286 | 自营店铺（自营店铺） | demo | 包邮 |  | 已下单等待付款 | 未申请 |
|  | 取消交易 | 284 | 自营店铺（自营店铺） | demo | 包邮 |  | 已下单等待付款 | 未申请 |
|  | 取消交易 | 282 | 自营店铺（自营店铺） | demo | 包邮 |  | 已下单等待付款 | 未申请 |
|  | 取消交易 | 267 | 自营店铺（自营店铺） | demo | 包邮 |  | 已下单等待付款 | 未申请 |

图 8-1　交易列表

## 8.2　取消订单查询

用户在下单之后可能会因为个人信息填写错误、信息不完善、重复下单、调换购买物品或者不想购买而取消订单，本系统针对交易订单管理建立了较为完善的信息管理服务。在商家登录自己的会员账号后，单击“取消订单列表”，会看到详细的取消订单记录，取消订单记录里包含了详细的相关信息，如订单编号、取消原因、商家拒绝理由、类型、处理进度、退款状态、创建时间以及最后更新时间。取消订单列表如图 8-2 所示。

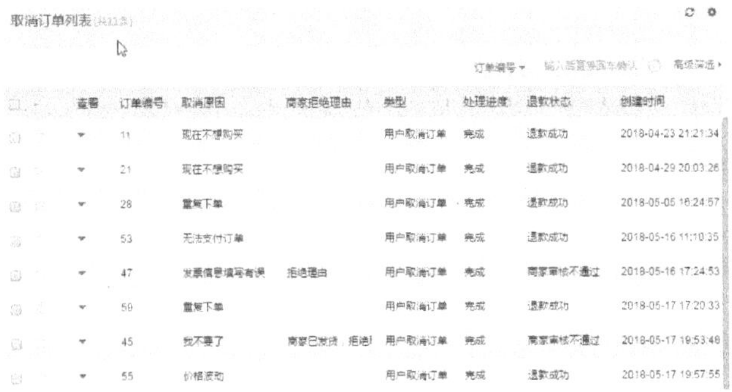

取消订单列表

| 查看 | 订单编号 | 取消原因 | 商家拒绝理由 | 类型 | 处理进度 | 退款状态 | 创建时间 |
|---|---|---|---|---|---|---|---|
|  | 11 | 现在不想购买 |  | 用户取消订单 | 完成 | 退款成功 | 2018-04-23 21:21:34 |
|  | 21 | 现在不想购买 |  | 用户取消订单 | 完成 | 退款成功 | 2018-04-29 20:03:26 |
|  | 28 | 重复下单 |  | 用户取消订单 | 完成 | 退款成功 | 2018-05-05 16:24:57 |
|  | 53 | 无法支付订单 |  | 用户取消订单 | 完成 | 退款成功 | 2018-05-16 11:10:35 |
|  | 47 | 发票信息填写有误 | 拒绝理由 | 用户取消订单 | 完成 | 商家审核不通过 | 2018-05-16 17:24:53 |
|  | 59 | 重复下单 |  | 用户取消订单 | 完成 | 退款成功 | 2018-05-17 17:20:33 |
|  | 45 | 我不要了 | 商家已发货，拒绝 | 用户取消订单 | 完成 | 商家审核不通过 | 2018-05-17 19:53:48 |
|  | 55 | 价格波动 |  | 用户取消订单 | 完成 | 退款成功 | 2018-05-17 19:57:55 |

图 8-2　取消订单列表

## 8.3　订单支付单关联查询

进入管理后台之后，交易信息包含了订单支付单关联列表，点开之后会出现所有的订单支付单关联记录，主要相关信息有查看、支付方式、支付单号、订单号、支付状态、支付金额、支付开始时间和支付完成时间。订单支付单关联列表如图 8-3 所示。

订单支付单关联列表(共143条)

导出　　支付单号 ▾　高级筛选

| 查看 | 支付方式 | 支付单号 | 订单号 | 支付状态 | 支付金额 | 支付开始时间 | 支付完成时间 |
|---|---|---|---|---|---|---|---|
| ▾ | -- | 1806151002715941581 | 288 | 准备中 | 30.600 | 2018-06-15 10:02:37 | |
| ▾ | -- | 1806150953446291581 | 288 | 支付中 | 30.60 | 2018-06-15 09:53:59 | |
| ▾ | -- | 1806150950041081581 | 298 | 准备中 | 152.690 | 2018-06-15 09:50:15 | |
| ▾ | -- | 1806131406344711581 | 288 | 准备中 | 30.600 | 2018-06-13 14:06:24 | |
| ▾ | -- | 18061114109909815811 | 288 | 准备中 | 30.600 | 2018-06-11 14:10:52 | |
| ▾ | -- | 1806071549537381581 | 286 | 准备中 | 4.800 | 2018-06-07 15:49:24 | |
| ▾ | -- | 1806071217868181581 | 284 | 准备中 | 17.910 | 2018-06-07 12:17:59 | |
| ▾ | -- | 1806061425587011581 | 284 | 准备中 | 17.910 | 2018-06-06 14:25:20 | |
| ▾ | -- | 1806051805782191581 | 282 | 准备中 | 17.910 | 2018-06-05 18:05:13 | |

图 8-3　订单支付单关联列表

## 8.4　支付单及发货单查询

单击“支付单列表”，会弹出支付单列表界面，它包含全部支付单列表、在线支付商品列表以及货到付款商品列表。并且可以通过手动输入支付单号、会员用户名和支付方式名来查询支付单。每个列表的详细信息包括查看、支付单号、需要支付的金额、支付货币金额、支付状态、会员用户名、支付类型、支付方式名和支付单创建时间。支付单列表如图 8-4 所示。

支付单列表（共138条）

全部　在线支付　货到付款

删除　支付单号　输入后直接回车确认　高级筛选

| 查看 | 支付单号 | 需要支付的金额 | 支付货币金额 | 支付状态 | 会员用户名 | 支付类型 |
|---|---|---|---|---|---|---|
| | 1803221815185061580 | ¥25.20 | ¥25.20 | 准备中 | test1 | 在线支付 |
| | 1804111220990331581 | ¥38.80 | ¥38.80 | 准备中 | a:1:{i:81;s:4:"demo";} | 在线支付 |
| | 1804150935687701581 | ¥25.20 | ¥25.20 | 准备中 | a:1:{i:81;s:4:"demo";} | 在线支付 |
| | 1804151011559691581 | ¥100.80 | ¥100.80 | 准备中 | a:1:{i:81;s:4:"demo";} | 在线支付 |
| | 1804180004656101581 | ¥39.80 | ¥39.80 | 准备中 | demo | 在线支付 |
| | 1804181555628171581 | ¥39.80 | ¥39.80 | 准备中 | demo | 在线支付 |
| | 1804192004846881582 | ¥19.90 | ¥19.90 | 准备中 | zsy123 | 在线支付 |
| | 1804192006261091582 | ¥19.90 | ¥19.90 | 准备中 | zsy123 | 在线支付 |

图 8-4　支付单列表

发货单包含全部发货单、发货成功和发货失败。详细信息包括查看、发货单号、订单号、店铺、物流费用、物流公司、物流单号、单据创建时间、单据确认时间、操作员、状态。同时可以手动输入发货单号、订单号、物流单号来查询相应的信息。发货单列表如图 8-5 所示。

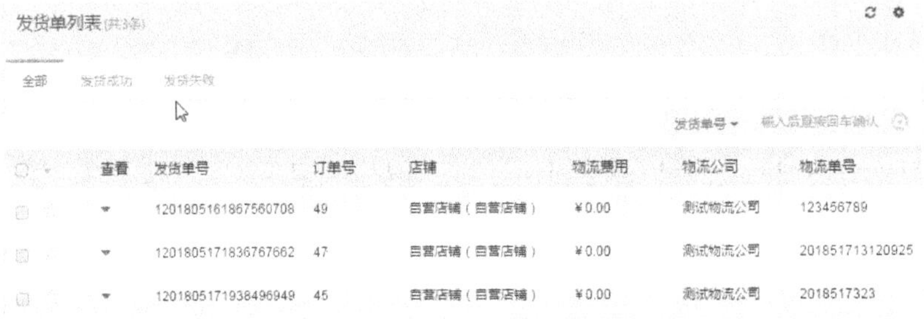

发货单列表（共3条）

全部　发货成功　发货失败

发货单号　输入后直接回车确认

| 查看 | 发货单号 | 订单号 | 店铺 | 物流费用 | 物流公司 | 物流单号 |
|---|---|---|---|---|---|---|
| | 1201805161867560708 | 49 | 自营店铺（自营店铺） | ¥0.00 | 测试物流公司 | 123456789 |
| | 1201805171836767662 | 47 | 自营店铺（自营店铺） | ¥0.00 | 测试物流公司 | 201851713120925 |
| | 1201805171938496949 | 45 | 自营店铺（自营店铺） | ¥0.00 | 测试物流公司 | 2018517323 |

图 8-5　发货单列表

# 第 9 章

# 商品发布与管理

商品的发布是一个网站系统的关键，优秀的产品信息质量能够给我们带来更多的曝光率、单击率和反馈。在发布商品时，选择关键词、类目同时提炼出我们想要的产品，便成为我们关注的重点。

## 9.1 商品发布

网店商品发布绝不简单，既不能心血来潮、不择时机，也不能不分主次。那么，网店商品应该如何发布呢？

（1）把商品发布周期改为 7 天，而不是 14 天，这样就多了一次发布商品的机会。

（2）分析目标客户群体可能上网购物的时间段。比如：卖特色农产品，那么周一到周五的 9 点到 12 点，这个时间段大部分人很有可能在上班，没有时间上网购物。所以，彻底了解自己的目标客户是很重要的。

（3）分析网上出现的浏览高峰。在这个浏览高峰期间成交的机会也是平时的几倍，即使有的客户当时不买，至少也了解或者收藏了网店，以便决定购买时能更加快捷地进入网店。

（4）精准控制在线时间。商家可以确定自己在线的时间，在这个确定在线的时间段发布商品，当买家看上你的商品时恰巧客服又在线，就便于买家了解商品信息，大大增加了成功交易的可能性。

（5）制订商品上架计划。让买家时刻觉得网店每天就有新的商品上架，买家就会时刻关注网店。

（6）选择发布商品的时间。据权威统计表明：网上服装买家喜欢的上网购物时间为周一到周五的 20 点到 24 点以及周末的 12 点到次日 2 点多，在这个时间段发布商品和在线会让网店运营事半功倍。

## 9.2 商品管理

网上销售商品不同于线下实体店商品销售，而只能通过文字、照片等信息来打动买家，买家需求信息收集对于网店就显得尤为重要。商品管理主要是为了规范网店商品管理，合理控制产销及库存。

### 9.2.1 商品列表

商品列表包含全部商品、已上架的商品、已下架的商品、自营商品。商家通过商品列表可以实时管理货品上下架及销售状况。同时，单击每个商品属性都可以查看其详细的商品信息。商品列表如图 9-1 所示。

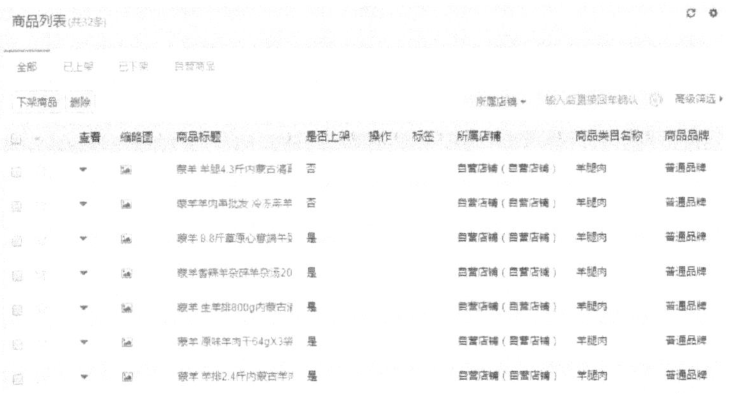


图 9-1 商品列表

## 9.2.2 商品咨询

买家登录系统以后可以通过阿里旺旺、QQ、365webcall 联系客服人员进行购买咨询，咨询列表下主要包含全部咨询、商品、库存/配送、支付方式、发票及保修。每一条记录的信息包括查看、商品、所属店铺、操作人、联系方式、咨询内容、咨询时间、IP 和最后修改时间。咨询列表如图 9-2 所示。

图 9-2　咨询列表

## 9.2.3 商品排序

本系统对于商品的排序主要是基于提前设置好的每个商品的权重。商品排序列表分为权重配置和店铺自定义权重。权重配置的主要操作有添加权重规则、系统权重分、删除。每一条记录的详细信息有编辑、使用、规则名称、创建时间、修改时间。权重配置如图 9-3 所示。

图 9-3　权重配置

商家可以根据店铺权重自定义功能自行对系统权重进行设置，从而改变商品的排序。店铺自定义权重记录信息包含编辑、店铺名称、店铺类型、类型权重得分、店铺自定义权重。还可以对系统记录进行手动删除操作。在高级筛选里可以设置筛选项。店铺自定义权重如图 9-4 所示。

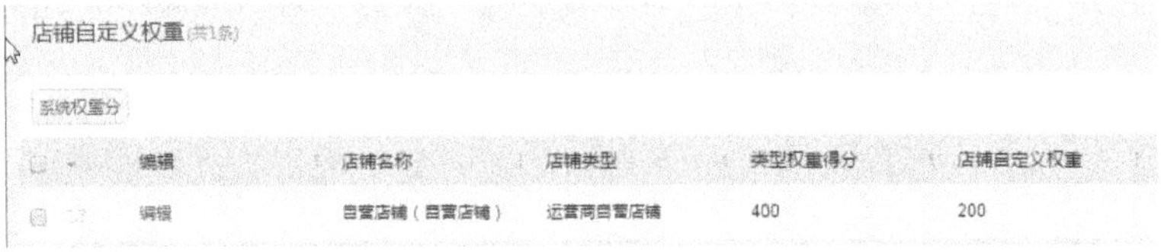


图 9-4　店铺自定义权重

# 第 10 章

# 营销策略与实施

## 10.1 商家营销策略

营销策略是企业以顾客需要为出发点，根据经验获得顾客需求量以及购买力的信息、商业界的期望值，有计划地组织各项经营活动。推销是一对一的，营销是一对多的；推销就是把产品卖好，营销是让产品好卖。让顾客不买的时候会记得你，要买的时候会想起你。总结成一句话就是："建立起客户对你的产品认识。"

### 10.1.1 营销策略

#### 1. 店铺优惠券

优惠券可降低产品的价格，是一种常见的消费者营业推广工具。优惠券可以印在杂志的插页上，或夹在报纸中随报附送，或附在产品的包装上，或放置在商店中让人索取，有时甚至可以派人在街上分送。

优惠券起源于 19 世纪 20 年代末的法国，但得到广泛应用和发展是在美国。这是因为优惠券的原始定义涉及 19 世纪的文书工作，作为买方债券投资和债券偿还证明保持预期收益。当时的优惠券是独立的投资者保持的债券文档的一部分。其他普遍使用的历史中的“优惠券”的地方包括凭证、票据、标记、检查等。1894 年，可口可乐公司创始人手工书写了第一批优惠券用于促销。由于效果显著，优惠券作为一种促销工具被商家及厂家逐渐认识并采用。美国目前有专业公司数百家，优惠券专业公司已细分为传媒公司（专为用户发行优惠券）、咨询公司（专为厂商设计优惠券）、硬件供应公司等。2011 年，美国每个家庭使用优惠券 300 张，优惠券发行量达千亿张，其普及程度可见一斑。

时至今日，单页派发式的优惠券在很长一段时间内盛行且被诸多商家所喜爱的原因，是其立竿见影的效果、简单的设计和印刷、依靠派发人员在店周围发放，能带来额外的客流量。随着科技的不断进步，承载优惠券的平台日益电子化，这种传统优惠券形式所带来的收益日渐萎缩。而除了为之付出打印派发人员等成本以外，商家还必须面临由于所印制优惠券信息出错而必须承担的风险。

此外，由于人工派发的范围有限，对于用户来说，获得这种优惠券的渠道和机会就具有较大的偶然性，重复获取的难度相对较大。

商家系统后台设置了商家营销模块，营销策略主要分为六种，分别是优惠券、满减、满折、*X* 件 *Y* 折、组合促销、赠品活动。优惠券活动列表主要信息有查看、操作、所属商家、优惠券名称、使用平台、满足条件金额、优惠金额、最大优惠券号码数量、已生成的优惠券号码数量、用户总计可领取优惠券数量、使用范围、优惠券前缀、优惠券生效时间和失效时间、建券时间、促销状态、不通过原因。优惠券列表详细信息如图 10-1 所示。

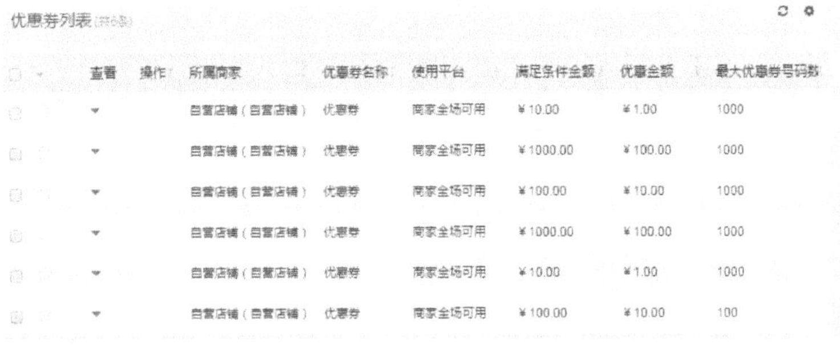
优惠券列表

| 查看 | 操作 | 所属商家 | 优惠券名称 | 使用平台 | 满足条件金额 | 优惠金额 | 最大优惠券号码数 |
|---|---|---|---|---|---|---|---|
| | | 自营店铺（自营店铺） | 优惠券 | 商家全场可用 | ¥10.00 | ¥1.00 | 1000 |
| | | 自营店铺（自营店铺） | 优惠券 | 商家全场可用 | ¥1000.00 | ¥100.00 | 1000 |
| | | 自营店铺（自营店铺） | 优惠券 | 商家全场可用 | ¥100.00 | ¥10.00 | 1000 |
| | | 自营店铺（自营店铺） | 优惠券 | 商家全场可用 | ¥1000.00 | ¥100.00 | 1000 |
| | | 自营店铺（自营店铺） | 优惠券 | 商家全场可用 | ¥10.00 | ¥1.00 | 1000 |
| | | 自营店铺（自营店铺） | 优惠券 | 商家全场可用 | ¥100.00 | ¥10.00 | 100 |

图 10-1　优惠券列表详细信息

## 2. 满减活动

满立减是购物网站最近几年因商家促销活动而推出的新名词，其含义是凡是购买商品满足多少金额、数量后立刻减价多少。可以简单理解为“满了立刻减”。

因为这个词条是产生在购物行业的，所以在淘宝、拍拍、百度等大型网上商城都可以见到这样的词语。不少商家还把“满立减”作为一个专门的促销活动来搞，指定某些商品定期推出满立减活动。

比如某购物网站的商家推出“满立减活动，满 100 减 50”，意思就是，参与此商家的活动时，购满 100 元的商品后就可以减去现金 50 元，相当于只需要 50 元就可以买到价值 100 元的商品。

满减列表详细信息分为查看、操作、所属商家、满减规则名称、使用平台、使用范围、起始时间、促销状态、不通过原因。满减列表详细信息如图 10-2 所示。

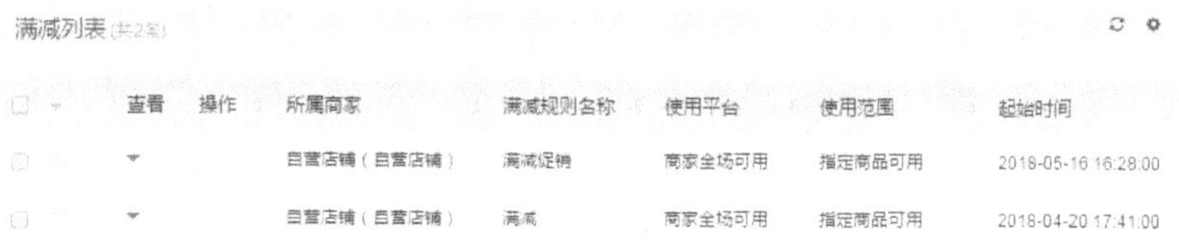
满减列表(共2条)

| 查看 | 操作 | 所属商家 | 满减规则名称 | 使用平台 | 使用范围 | 起始时间 |
|---|---|---|---|---|---|---|
| | | 自营店铺（自营店铺） | 满减促销 | 商家全场可用 | 指定商品可用 | 2018-05-16 16:28:00 |
| | | 自营店铺（自营店铺） | 满减 | 商家全场可用 | 指定商品可用 | 2018-04-20 17:41:00 |

图 10-2　满减列表详细信息

## 3. 满折活动

网友“逛街族”表示：“1 元，是世界上最遥远的距离。”而针对商场的多种优惠方式，有精明的网友也制定出一套“折扣换算公式”，并称照此换算，就能得出商家的真实折扣。“折扣换算公式”为$(X-(X/N)\times A)/X$=折扣，其中，$X$ 代表消费金额，$N$ 代表活动中需满足的额度(如“满 200 元省 100 元”中的 200 元)，$A$ 代表返还额度(如“满 200 元省 100 元”中的 100 元)，$(X/N)$需取所除结果的整数且不能四舍五入。根据网友制定的“折扣换算公式”，以参加“满 300 赠 150 券”的活动为例，商品标价 899 元，按公式计算，折扣实际为 6.6 折。

商家后台满折列表详细信息主要有查看、操作、所属商家、满折规则名称、使用平台、使用范围、起始时间、促销状态、不通过原因。满折列表详细信息如图 10-3 所示。

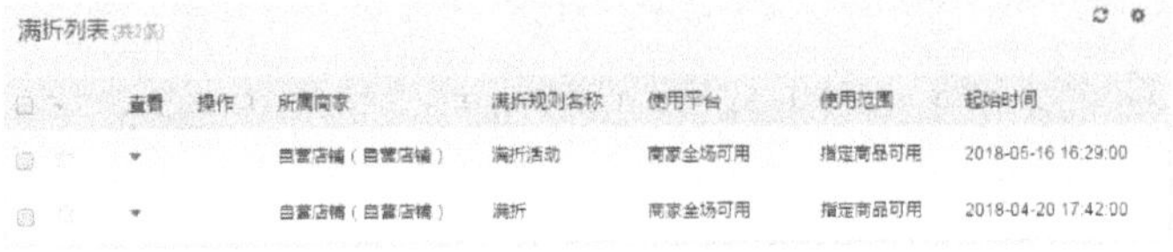

满折列表(共2条)

| 查看 | 操作 | 所属商家 | 满折规则名称 | 使用平台 | 使用范围 | 起始时间 |
|---|---|---|---|---|---|---|
| | | 自营店铺（自营店铺） | 满折活动 | 商家全场可用 | 指定商品可用 | 2018-05-16 16:29:00 |
| | | 自营店铺（自营店铺） | 满折 | 商家全场可用 | 指定商品可用 | 2018-04-20 17:42:00 |

图 10-3　满折列表详细信息

## 4. *X* 件 *Y* 折

单笔订单如果满足多个活动规则，则买家可享受多次优惠，例如 3 件商品原价为 500 元，但是此时满足满 3 件打 9 折的优惠条件，那么买家买的这 3 件商品只需支付 450 元。

商家后台 *X* 件 *Y* 折列表信息包括查看、促销规则、操作、所属商家、*X* 件 *Y* 折规则名称、使用平台、使用范围、起始时间、促销状态、不通过原因。*X* 件 *Y* 折列表详细信息如图 10-4 所示。

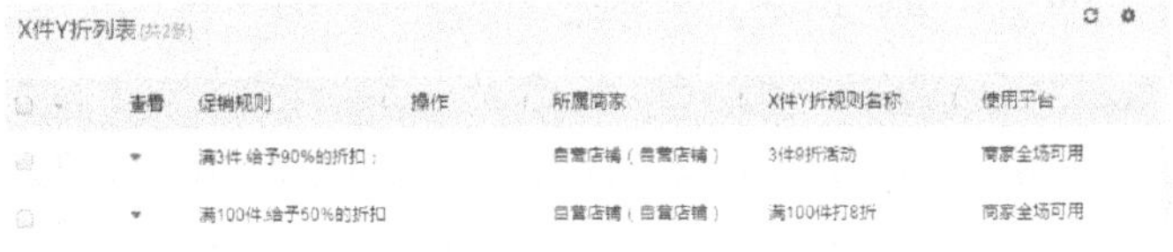

X件Y折列表(共2条)

| 查看 | 促销规则 | 操作 | 所属商家 | X件Y折规则名称 | 使用平台 |
|---|---|---|---|---|---|
| | 满3件,给予90%的折扣； | | 自营店铺（自营店铺） | 3件9折活动 | 商家全场可用 |
| | 满100件,给予50%的折扣 | | 自营店铺（自营店铺） | 满100件打8折 | 商家全场可用 |

图 10-4　*X* 件 *Y* 折列表详细信息

## 5. 组合促销

促销组合是指企业根据促销的需要，对广告宣传(Advertising)、销售促进（Sales Promotion）、公共关系（Public Relation）与人员推销（Personal Selling）等各种促销方式进行的适当选择和配合。

促销组合是指企业在市场营销活动中有计划、有目的地把人员促销和非人员促销两大类中的人员推销、广告、营业推广和公共关系这些具体的促销方式结合起来综合运用，形成一个完整的最佳促销策略。促销组合是一个有机的整体，是各种促销方式的正确选择、组合和运用。

所谓促销组合，主张企业运用广告、人员推销、公关宣传、营业推广四种基本促销方式组合成一个策略系统，使企业的全部促销活动互相配合、协调一致，最大限度地发挥整体效果，从而顺利实现企业目标。

促销组合体现了现代市场营销理论的核心思想——整体营销。促销组合是一种系统化的整体策略，四种基本促销方式则构成了这一整体策略的四个子系统。每个子系统都包括了一些可变因素，即具体的促销手段或工具，某一因素的改变意味着组合关系的变化，也就意味着形成一个新的促销策略。

公司面临着把总的促销预算分摊到广告、人员推销、营业推广和宣传报道上。影响促销组合决策的因素主要有：

**1）促销目标**

促销目标是影响促销组合决策的首要因素。每种促销工具——广告、人员推销、销售促进和人员推广都有各自独有的特性和成本。营销人员必须根据具体的促销目标选择合适的促销工具组合。

**2）市场特点**

除了考虑促销目标外，市场特点也是影响促销组合决策的重要因素。市场特点受每一地区的文化、风俗习惯、经济政治环境等的影响，促销工具在不同类型的市场上所起的作用是不同的，所以我们应该综合考虑市场和促销工具的特点，选择合适的促销工具，使它们相匹配，以达到最佳促销效果。

**3）产品性质**

由于产品性质的不同，消费者及用户具有不同的购买行为和购买习惯，因而企业所采取的促销组合也会有所差异。

组合促销列表信息有查看、操作、所属商家、组合促销名称、使用平台、使用范围、起始时间、促销状态、不通过原因。组合促销列表详细信息如图 10-5 所示。

### 6. 赠品活动

赠品促销是指企业一定时期内为扩大销量，迫于市场压力，向购买本企业产品的消费者实施馈赠的促销行为；赠品促销是最古老也是最有效最广泛的促销手段。具体手段有直接赠送、附加赠送等。赠品若与产品的特性或使用有相关性，则促销的诱因更大，并方便顾客使用产品。一般都是在终端店内设立专柜或单独展示台，由雇用的促销员将已准备的产品分成一份或一杯，还有的将赠品贴附于产品上，在消费者浏览产品时分送给消费者。

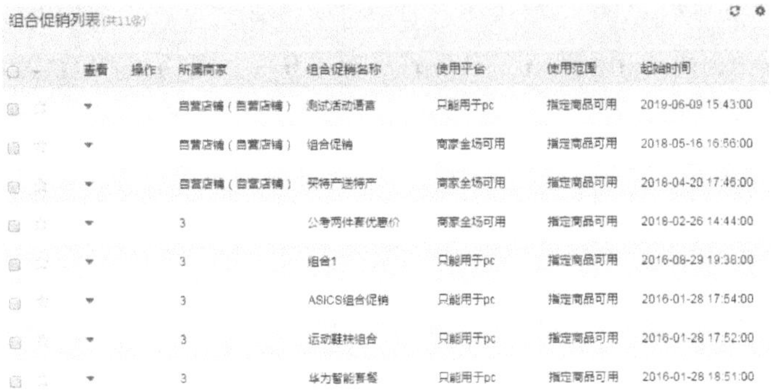
组合促销列表(共11条)

| 查看 | 操作 | 所属商家 | 组合促销名称 | 使用平台 | 使用范围 | 起始时间 |
|---|---|---|---|---|---|---|
| | | 自营店铺（自营店铺） | 测试活动语言 | 只能用于pc | 指定商品可用 | 2019-06-09 15:43:00 |
| | | 自营店铺（自营店铺） | 组合促销 | 商家全场可用 | 指定商品可用 | 2018-05-16 16:56:00 |
| | | 自营店铺（自营店铺） | 买特产送特产 | 商家全场可用 | 指定商品可用 | 2018-04-20 17:46:00 |
| | | 3 | 公考两件套优惠价 | 商家全场可用 | 指定商品可用 | 2018-02-26 14:44:00 |
| | | 3 | 组合1 | 只能用于pc | 指定商品可用 | 2016-08-29 19:38:00 |
| | | 3 | ASICS组合促销 | 只能用于pc | 指定商品可用 | 2016-01-28 17:54:00 |
| | | 3 | 运动鞋袜组合 | 只能用于pc | 指定商品可用 | 2016-01-28 17:52:00 |
| | | 3 | 华为智能套餐 | 只能用于pc | 指定商品可用 | 2016-01-28 18:51:00 |

图 10-5　组合促销列表详细信息

**1）赠品要有品牌提示的作用**

很多企业一方面为自己的品牌传播而苦恼，另一方面总是忽略赠品这个小媒体。因此在不让顾客反感的基础上，企业应该把品牌的名称、Logo、广告语等印制在赠品上，让赠品发挥媒体的传播作用。

百威啤酒和可口可乐在国内的一次联合促销中的赠品，是印有百威或可口可乐商标的服装和刻有这种商标的玻璃器皿。

又如，某品牌鲜奶开发了一种与新鲜屋包装一模一样的收音机作为赠品，效果也很好。

**2）赠品要突出产品的卖点和定位**

赠品要与产品的特性和定位相吻合，以便突出产品的功能和卖点，达到促销和宣传的双重目的。百事可乐的定位是“新一代的选择”，其赠品的设计就十分注意突出这一定位。韩日世界杯期间，百事可乐推出的球星造型和球星资料卡就很受年轻的球迷欢迎，为了集齐自己喜欢的球星资料卡，很多球迷大量购买百事可乐。

**3）赠品与产品要有相关性**

赠品若与产品的特性或使用有相关性，则促销的诱因更大，并方便顾客使用产品。如购买袋装奶粉送储粉罐，有利于保存奶粉，防止受潮；购买咖啡送咖啡杯，顾客饮用方便；买牛奶送面包；买衬衣送领带；买鼠标送胶垫；买电脑送“机罩”等。

或者产品属于同一类用品，比如同属于电器、家居用品等，这样在广告宣传上容易找到共同点。而类似于“买电脑送调味品”，把两件关联不大的产品凑在一起，难免在活动宣传上大费脑筋，而且不容易被顾客所记住。

**4）赠品不能喧宾夺主**

商品是“红花”，赠品就是“绿叶”。赠品永远是为衬托、宣传商品而设计的。如果过分地哗众取宠，就有喧宾夺主之嫌，促销商品反而变为促销赠品了。

赠品对商品的衬托、宣传作用，主要体现在它们的搭配上。

（1）价格搭配。赠品的价格要比商品低，要拉开距离。如购买一瓶醋，赠一瓶酱油，就不合理。这既不符合经济合理性原则，也让顾客对酱油的质量产生怀疑。

（2）外形体积的搭配。一般来讲，赠品在体积上应小于商品，赠品过大，商品却小，就显得不协调。赠品遮盖了商品，就违背了促销的目的。一般认为赠品体积不宜超过商品的 2/3。

商家后台赠品活动列表信息包含查看、操作、所属商家、创建时间、开始时间、结束时间、赠品活动名称、送赠品条件标准、满足条件数量、促销状态、不通过原因。赠品活动列表详细信息如图 10-6 所示。

赠品活动列表（共9条）

| 查看 | 操作 | 所属商家 | 创建时间 | 开始时间 | 结束时间 | 赠品活动名称 |
|---|---|---|---|---|---|---|
| ▼ | | 3 | 2016-08-29 19:52:32 | 2016-08-29 19:53:00 | 2016-09-30 19:53:00 | 测试赠品 |
| ▼ | | 3 | 2016-09-25 16:35:53 | 2016-09-25 16:36:00 | 2016-12-31 16:35:00 | 买一送一 |
| ▼ | | 3 | 2016-09-26 15:39:25 | 2016-09-26 15:40:00 | 2016-10-31 15:37:00 | 艾格大促 |
| ▼ | | 3 | 2016-09-29 18:31:26 | 2016-09-29 18:32:00 | 2016-10-31 18:32:00 | 多赠品 |
| ▼ | | 3 | 2016-10-10 17:35:23 | 2016-10-10 17:36:00 | 2016-10-28 16:11:00 | 测试赠品名称 |
| ▼ | | 3 | 2018-02-26 14:36:35 | 2018-02-26 14:46:00 | 2018-03-21 14:35:00 | 购买赠品 |
| ▼ | | 3 | 2018-03-05 11:07:03 | 2018-03-05 11:08:00 | 2018-03-16 11:05:00 | 赠品测试 |

图 10-6　赠品活动列表详细信息

## 10.1.2 优惠领取

### 1. 转盘抽奖

转盘，也有一种说法叫抽奖转盘，大体上是一块圆形的面板上面有很多的奖项设置，在圆形面板的前面，还有一根固定的指针。在网店平台中我们也经常碰到转盘抽奖的情况。网店平台的转盘就模拟了现实中的抽奖转盘。

商家根据此功能可以添加转盘抽奖，转盘抽奖记录的详细信息主要有编辑、预览、活动名称、是否启用、抽奖次数获取方式及使用平台。转盘抽奖详细信息如图 10-7 所示。

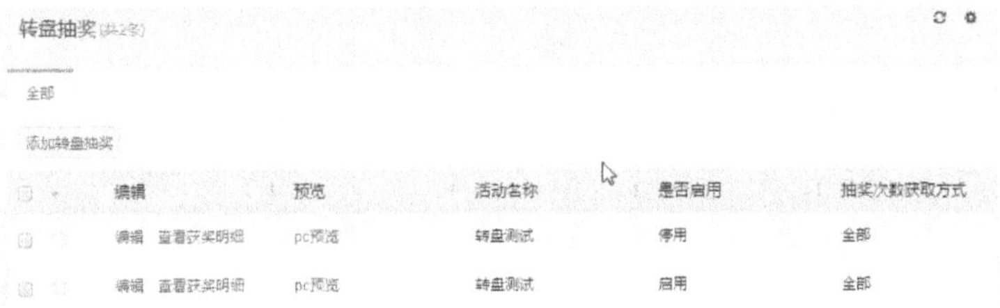


图 10-7　转盘抽奖详细信息

### 2. 刮刮卡抽奖

刮刮卡是指卡上的一种覆盖数字和字母密码等文字的涂层，因此刮刮卡也叫密码覆膜卡、账户卡或记账密码卡。刮刮卡的品种很多，在市场上广泛使用的有有奖刮刮卡、剥剥卡、充值卡、密码卡、消费券、积分卡等。

刮刮卡广泛用于电信、IT、餐饮、商超和教育等行业。特别是电信行业的电话卡，由于行业的特殊性，使刮刮卡成为一种有价证券，因此对制卡厂家的材料、印刷、密码覆盖和设计等方面的要求都比其他行业要高，在电信行业刮刮卡一般称为计账式电话密码卡，在其他行业从使用上多称为游戏点卡、上网卡、抽奖卡和学习卡等。

市场上广泛使用的有奖刮刮卡，是厂家、商家为了促进消费、回馈消费者采取的一种促销方式，其效果良好。采用刮刮卡、剥剥卡来促销企业的产品和服务，这种国际流行的营销方法，已经在中国大陆逐步推广。

在社会发展的今天，刮刮卡逐渐往 PVC 卡方向制作，提高刮刮卡的质量。

刮刮卡是一种特殊的有价证券，特殊在只有把刮刮卡都刮完才能知道刮刮卡的价值如何。既然是有价证券，而且是特殊的有价证券，就不可避免地涉及防伪问题。刮刮卡的防伪方式随着防伪技术的发展而不断地进步，这当然也是市场的强烈需求所致。刮刮卡采用的防伪方式主要有如下几种：

（1）金属线防伪：在纸张的成型阶段往纸浆中加金属线；金属线防伪由于其纸张成本较高，比较少地应用于刮刮卡的生产，只有质量要求很高且数量很大时才定制金属线防伪纸。

（2）数码验证防伪：每张奖券一个密码，消费者领奖时输入到专用的验证程序来验证真伪；这是最常用的防伪措施，防伪力度比较高，使用也非常方便，其原理跟网络防伪标签类似，通过网站或短信，或专用的查询工具即可验证其密码真伪，从而判定卡的真伪信息。

（3）荧光防伪：在卡面的某个部位印刷无色荧光，在验证时通过紫外线灯照射来验证。

（4）温变防伪：在卡面的某个位置印刷温变油墨，遇热消失，过后马上复原。

（5）智能开锁防伪：使用专用的解码片，在不同的角度透视解码防伪，会显示不同的信息。

（6）夹层防伪：在撕开式刮刮卡的中间设置夹层。

（7）团花防伪：设计不可扫描的团花印刷在卡面上。这也是一种非常常用的防伪手段，效果也比较好。

因为可采用防伪方式的多样性，还需根据刮刮卡的不同使用情况采取不同的防伪方式或多种防伪方式的组合。

商家的刮刮卡抽奖后台信息包括编辑、活动名称、覆盖区文字、按钮文字、是否启用、抽奖次数活动方式、使用平台。刮刮卡抽奖详细信息如图 10-8 所示。

图 10-8 刮刮卡抽奖详细信息

### 3. 尾随营销

佣金是客户通过证券公司买卖股票时，证券公司向其收取的中介费用，目前大部分证券公司的佣金标准是 0.03%～0.15%；通过证券公司购买开放式基金不单独收取佣金，收取相应的申购费率；通过证券公司购买封闭式基金，其佣金与股票一样。通俗来讲，就是在客户买基金时，证券公司为其服务的费用。广义的佣金种类更多，包括基金公司管理费用、银行托管费用等。

尾随佣金也称托管服务费，是基金公司为保持基金总量，而支付给销售机构的费用，其金额是按基金份额或市值的持有时间进行计算。

从 2009 年起，基金公司的年报中增加了“客户服务费”这一项指标，该指标统计的多为基金公司支付给银行，用以销售基金的费用，又称“尾随佣金”。

商家可以根据系统的这个功能决定是否开启尾随营销功能。尾随营销设置的详细信息如图 10-9 所示。

图 10-9 尾随营销设置的详细信息

## 10.2 平台营销策略

### 10.2.1 营销策略

（1）刚开始以内部团购销售活动为主，团购不包邮费， 邮费按地方和实际物品大小计算。详细情况见附件表格。

（2）后期发展，计划一个月店铺等级上升为 1 砖后，参加店外团购、其他帮派活动、秒杀、满就送、会员积分、赠红包、一元拍、签名图、签名档等方式不断激发需求客户的购买潜力。

（3）以辅助产品的微利润不断吸引眼球、不断增加网店的流量，通过各种促销手段不断提高网店流量转化率。

（4）网上抽奖活动。

（5）提高物流、售后服务、客服水平。

### 10.2.2　推广策略

网店策划建设阶段的推广：也就是从网店正式发布前就开始了推广的准备，在网店建设过程中从网店结构、内容等方面对 Google、百度等搜索引擎进行优化设计；网店发布初期的基本推广手段：登录 10 个主要搜索引擎和分类目录（列出计划登录网店的名单），购买 2～3 个网络实名/通用网址，与部分合作伙伴建立网店链接。另外，配合公司其他营销活动，在部分媒体和行业网站发布企业新闻。网店增长期的推广：当网店有一定访问量之后，为继续保持网店访问量的增长和品牌提升，在相关行业网店投放网络广告（包括计划投放广告的网店及栏目选择、广告形式等），在若干相关专业电子刊物投放广告，与部分合作伙伴进行资源互换。网店稳定期的推广：结合公司新产品促销，不定期发送在线优惠券；参与行业内的排行评比等活动，以期获得新闻价值；在条件成熟的情况下，建设一个中立的与企业核心产品相关的行业信息类网店来进行辅助推广。推广效果的评价：对主要网店推广措施的效果进行跟踪，定期进行网店流量统计分析，必要时与专业网络顾问机构合作进行网络营销诊断，改进或者取消效果不佳的推广手段，在效果明显的推广策略方面加大投入比重。

上面的这个案例并不是一个完整的网店推广计划，仅仅笼统地列出了部分重要的推广内容，不过，从这个简单的网店推广计划中，我们仍然可以得出几个基本结论：

第一，制定网站推广计划有助于在网店推广工作中有的放矢，并且有步骤有目的地开展工作，避免重要的遗漏。

第二，网店推广是在网店正式发布之前就已经开始进行的，尤其是针对搜索引擎的优化工作，在网店设计阶段就应考虑到推广的需要，并做必要的优化设计。

第三，网店推广的基本方法对于大部分网店都是适用的，也就是所谓的通用网店推广方法，一个网店在建设阶段和发布初期通常都需要进行这些常规的推广。

第四，在网店推广的不同阶段需要采用不同的方法，也就是说网店推广方法具有阶段性的特征。有些网店推广方法可能长期有效，有些则仅适用于某个阶段，或者临时性采用，各种网店推广方法往往是相结合使用的。

第五，网店推广是网络营销的内容之一，但不是网络营销的全部，同时网店推广也不是孤立的，需要与其他网络营销活动相结合来进行。

第六，网店进入稳定期之后，推广工作不应停止，但由于进一步提高访问量有较大难度，需要采用一些超越常规的推广策略，如上述案例中建设一个行业信息类网店的计划等。

第七，网店推广不能盲目进行，需要进行效果跟踪和控制。在网店推广评价方法中，最为重要的一项指标的网店的访问量，访问量的变化情况基本上反映了网店推广的成效，因此网店访问统计分析报告对网店推广的成功具有至关重要的作用。

## 10.3 活动及专题管理

### 10.3.1 活动管理

#### 1. 活动列表

活动列表在活动管理列表的子列表下，商家可以根据自己的需要来自行设置，可以添加活动、设置开售提醒、对添加的活动进行删除。具体的活动详细信息有查看、编辑、预览、活动名称、活动标签、申请活动开始时间、申请活动结束时间、发布时间、活动生效开始时间、活动生效结束时间、创建时间。活动管理信息如图 10-10 所示。

图 10-10　活动管理信息

## 2. 报名列表

报名列表主要分为未审核的列表、审核通过的列表、审核未通过的列表以及全部列表。商家可以查看报名列表详细的信息，包括操作、店铺、活动、审核状态、有效状态、报名更新时间。报名列表信息如图 10-11 所示。

图 10-11　报名列表信息

## 3. 订阅提醒

订阅列表显示了所有顾客的订阅提醒。主要包括提醒时间、提醒目标、订阅提醒用户、订阅提醒的活动名称、订阅提醒的商品名称、订阅平台、订阅链接。订阅提醒如图 10-12 所示。

图 10-12　订阅提醒

## 10.3.2 平台卡券

卡券功能，是公众平台向有投放卡券需求的公众号提供的推广、经营分析的整套解决方案，是活动管理的重要组成部分，是连接商户与消费者的新渠道。

### 1. 购物券列表

商家可以根据此功能新增购物券，列表主要信息有编辑、语言编辑、购物券名称、有效状态、使用平台、满足条件金额、购物券金额、最大购物券号码数量、已生成的购物券号码数量、已使用的购物券号码数量、申请开始时间、申请结束时间、购物券生效时间、购物券失效时间、建券时间。购物券列表如图 10-13 所示。

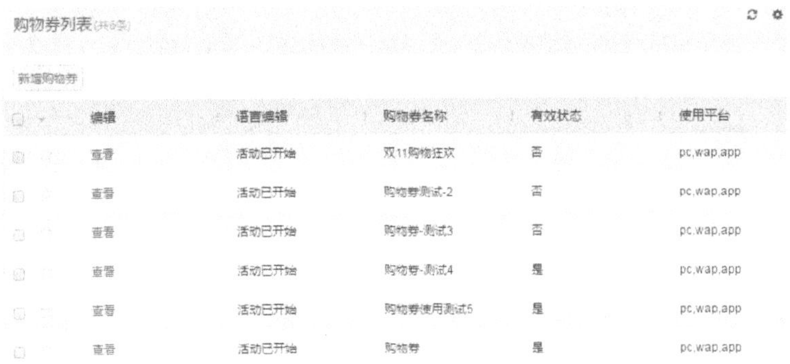
购物券列表(共6条)

新增购物券

| 编辑 | 语言编辑 | 购物券名称 | 有效状态 | 使用平台 |
|---|---|---|---|---|
| 查看 | 活动已开始 | 双11购物狂欢 | 否 | pc,wap,app |
| 查看 | 活动已开始 | 购物券测试-2 | 否 | pc,wap,app |
| 查看 | 活动已开始 | 购物券-测试3 | 否 | pc,wap,app |
| 查看 | 活动已开始 | 购物券-测试4 | 是 | pc,wap,app |
| 查看 | 活动已开始 | 购物券使用测试5 | 是 | pc,wap,app |
| 查看 | 活动已开始 | 购物券 | 是 | pc,wap,app |

图 10-13 购物券列表

### 2. 购物券报名列表

购物券报名列表下显示的是报名记录，主要包含四种类型的列表：全部报名列表、等待审核列表、审核通过列表、审核拒绝列表。主要信息有操作、店铺、购物券 ID、审核状态、有效状态、报名更新时间、报名时间。商家可以手动选择删除其中任何一条记录。购物券报名列表如图 10-14 所示。

报名列表（共6条）

全部　待审核　审核通过　审核拒绝

| 操作 | 店铺 | 购物券ID | 审核状态 | 有效状态 |
|---|---|---|---|---|
| 查看 | 3 | 双11购物狂欢 | 审核通过 | 否 |
| 查看 | 3 | 购物券测试-2 | 审核通过 | 否 |
| 查看 | 3 | 购物券-测试3 | 审核通过 | 否 |
| 终止 | 3 | 购物券-测试4 | 审核通过 | 是 |
| 终止 | 3 | 购物券使用测试5 | 审核通过 | 是 |
| 审核 | 自营店铺（自营店铺） | 购物券 | 待审核 | 是 |

图 10-14　购物券报名列表

**1）红包**

店铺红包是由卖家自己设置、供消费者在卖家自己店铺消费时使用的红包。店铺红包仅限在其发行店铺使用，且对全店商品通用，要求订单金额至少高于该红包面额 0.01 元（不包含邮费）。商家可以通过系统使用新增红包功能，列表显示的信息主要有编辑、语言编辑、红包名称、红包发放状态、使用平台、红包类型、领取红包的起始时间、领取红包截止时间以及使用红包截止时间。红包列表如图 10-15 所示。

红包列表（共5条）

新增红包

| 编辑 | 语言编辑 | 红包名称 | 红包发放状态 | 使用平台 |
|---|---|---|---|---|
| 终止红包领取 | 活动已开始 | 双11抢红包活动 | 活动中 | 商家全场可用 |
| 查看 | 活动已开始 | 红包测试1 | 终止 | 商家全场可用 |
| 查看 | 活动已开始 | 红包测试 | 终止 | 商家全场可用 |
| 查看 | 活动已开始 | 1111111111111111111 | 终止 | 只能用于pc |
| 查看 | 活动已开始 | cl | 终止 | 只能用于pc |

图 10-15　红包列表

**2）卖家设置规则**

（1）店铺红包生效时间：由卖家自行在后台设置活动权限，有效期的最大范围为 60 天。

（2）设置权限：店铺需要主账号进行店铺红包的设置。后续会发布主账号授权子账号进行设置的功能。

（3）发放方式：直接领取店铺红包（1 张），收藏店铺（1 张）。

（4）红包面额及数量：同一卖家每次仅能设置 1 种面额的店铺红包。5 元、10 元、20 元面额的店铺红包，卖家每次最多可以发行 20000 张；50 元、100 元、200 元面额的店铺红包每次设置最多可以发行 1000 张，如需要对已经设置完成的店铺红包面额及数量进行调整，则需要卖家操作“作废”后重新设置。作废后，已被买家领取的店铺红包依然有效。

（5）抵扣范围：店铺红包只支持商品价格费用抵扣，运费、服务费等其他非商品价格费用不在红包抵扣范围内。

**3）买家领取使用规则**

（1）领取张数：

单人单店限领 2 张——直接领店铺红包 1 张+收藏送店铺红包 1 张；单人每天限制领取全网店铺红包 50 张。

（2）领取方式：直接领店铺红包，收藏送店铺红包。

（3）使用范围：发行店铺红包店铺内的所有商品。

**4）使用规则**

（1）单笔订单只能使用 1 张店铺红包，且订单金额需高于红包面额 0.01 元。

（2）订单金额不包含运费及服务费等费用。

（3）单个店铺红包不可拆分使用。

（4）店铺红包一经领取，不可提现，不得转赠。

（5）拍下商品使用店铺红包进行抵扣后，支付方式不受影响。

**5）叠加规则**

（1）店铺红包可与店铺满返、店铺满减、淘金币、集分宝、支付宝现金红包等同时使用。

（2）店铺红包不可与商品优惠券、店铺优惠券同时使用。

**6）退款规则**

（1）若使用店铺红包的订单在确认收货交易前发起全额退款，且退款完成时该店铺红包还在使用有效期内，则该店铺红包退还至买家账户。

（2）部分退款申请或退款完成时该店铺红包已失效，则该店铺红包不退还。

（3）买家使用店铺红包的订单发起退款申请，现金退款额度仅以实际支付金额为限，即退还减去店铺红包分摊抵扣金额后的实际金额（如买家一笔订单购买 A 商品 40 元+B 商品 60 元，使用店铺红包 10 元，实际支付 90 元=A 商品 36 元+B 商品 54 元；买家发起全额退款，只退还 90 元）。

## 10.3.3　促销专题页面

### 1. 促销专题列表

促销专题列表主要分为全部、PC 端、WAP 端、App 端。针对此功能模块商家可以进行添加专题和删除操作，每条记录的详细信息包括查看、操作、专题名称、专题页面、适用平台、专题发布时间、是否开启、专题创建时间、专题修改时间。促销专题列表如图 10-16 所示。

图 10-16　促销专题列表

### 2. 促销专题 App 模板

商家可以进行添加促销专题模板和删除操作，每个专题模板的详细信息分为操作、模板名称、创建时间、修改时间。同时商家可以通过搜索模板名称直接搜索到自己想找的模板。促销专题 App 模板列表如图 10-17 所示。

图 10-17　促销专题 App 模板列表

# 第 11 章

# 店铺装修与维护

## 11.1 店铺装修

网店装修设计是指网店卖家对自己所拥有的店铺进行装修美化的一种网页在线编辑方式，也可以理解为店铺美化。一般网站的建设包含几点：一是网站需求分析，目的是确定网站主题并收集素材，规划站点。二是设计制作网站页面。三是网站的发布，包括域名申请、购买空间和网站上传。四是推广网站。网上店铺的设计和装修要简单得多，包括整店风格设计、首页装修、详情页设计、爆款设计等方面。那么店铺装修设计在阿里零售系平台卖家的推广中重要程度如何呢？作为卖家，应该如何进行装修呢？一般来说，卖家应该根据店铺的规模和营销的目的，选择重点进行设计。这里，可以把卖家分为新手卖家、经验卖家和品牌卖家。营销的目的可以分为单品引流、店铺引流和品牌推广。店铺最关键的展示区有两个：店铺首页和宝贝描述页面，其他的展示区还有很多，如个人空间、信用区、店铺介绍区等。

### 11.1.1 网店装修设计的特点

区别于传统实体装修，网店装修本质是网页设计工作，是通过计算机实现对网络商店页面的设计和排版。无论传统装修还是网店装修，都是为了更好地展现商品的价值，增加店铺内商品的销量。

### 1. 商业销售元素与网页技术的融合

首先，网店装修与传统商店装修相比，两者都服务于招牌展示、商品信息展示。传统店铺装修是对实体店面的装修，用的是现实中的建筑材料，体现的是建筑工程设计中的物理原理和工业美学，以及设计师对艺术美学与工业建筑艺术融合的个人独创性理解。网店装修是对网络商城中某个或者多个关联的商品销售网页的装饰，手段主要是通过计算机技术，运用文字、色彩、图片、视频等因素的结合，体现网页设计技术和平面构图美学。其次，网店装修与其他网页设计的独特性在于对商品网络销售的专注性。专注于网络销售，主要是指对商品销售的诸多因素的使用。比如对网店招牌的突出和放大，网店招牌是一个网络店铺的品牌形象，网店装修中通常会把网店招牌放置在店铺网页的最顶端，甚至每一个商品页面的最开头部分。由此可见，网店招牌对一个店铺品牌效应和特色的突出作用。这在普通网页设计中是不常见的。另外，商品促销信息、商品畅销信息等的模板化设计与运用是又一个重要区别。将促销模板放置于网页的较前方，让顾客第一时间就能看到促销信息，同时用优惠信息内容吸引顾客继续浏览商品页面。还有网店的最新信息发布模板，这就如同每个实体店通常有新款新货的摆放位置，这一模板的运用，有助于顾客及时地了解到网店的最新信息。上述这些例子，都是商业销售元素在网店装修中突出运用的，是网店装修区别于一般网页设计的重要方面。

### 2. 以吸引流量为目的

展示的目的是吸引流量，商品销量的增加以店内客流量的增加为前提，虽然不同档次的商品由于针对购买力群体的不同而对客流量的依赖程度有所差别，但是，那只是客流量与成交量的转化率问题，总体上商品销量与客流量的正比关系是确定的。网店装修设计要在商品和店面展示的内容编辑上以消费者需求为导向。第一，消费者需要强烈的感官刺激，网络商店数量众多，单品销售更是琳琅满目，引起消费者第一眼对商品感兴趣才能有交易的可能性；第二，消费者需求信息完整清楚，标题化的宣传吸引流量以后，店铺能不能留住顾客，将流量转化为成交量，顾客重点要看的还是商品的信息。不同类型的商品，消费者对不同特性的关注度不同，比如电子商品，消费者更加关注商品性能参数，内衣商品，消费者最在意材质等，网店装修设计中通常通过详细的商品重点信息描述来满足消费者的商品信息需求；第三，舒服的浏览体验是客流量转化为销量的润滑剂，消费者在浏览商品或者店铺网页时感到视觉上的舒服和浏览使用上的简单便捷，在其消费决心中起到的作用不容忽视。

### 11.1.2 网点装修设计的策略

**1）单品页面设计**

在单品网页设计方面，要注意页面风格与产品的性格相符，如果页面装修设计风格与商品特性相符并且富有新意，这样不但符合消费者根据一贯经验而对商品产生的认真心理，容易让消费者产生第一印象上的认同感，而且再加合理新意就更能增加消费者的惊喜心理。相反，如果大量运用鲜亮颜色或者活泼的装修设计风格，就会使网店装修设计及店面装修风格与商品性格不一致，造成消费者心理预期的降低。所以，单品页面的装修整体风格上一定要与产品性格保持一致。

**2）店铺整体设计**

以简洁、清晰的页面突出每期促销主题为主；采用标准版装修模块， 更好地展示产品，获得更多的产品展位和可编辑模块。店内设置邮费、发货、产品声明、售后服务说明等。店铺装修设计要注重保持不同页面之间的主色调不变，同时兼顾整体风格的一致，就如同在同一家实体店内浏览商品一样，相同的页面风格在消费者浏览不同页面时会产生视觉上的顺畅感。如果整个店铺网页风格各异，有的简约而有的过于复杂，有的风格沉稳而有的激情澎湃，这容易给消费者杂乱无章之感，而且容易表现这家店铺很多面，从而给消费者制造消费不安全感。

**3）美观性与实用性并重**

（1）设计的美观性：网店销售全靠网页表达的信息吸引流量，网页装修设计的美观性自然是重中之重。美观又分为静态美观和动态美观。静态美观的设计比较传统。当下流行的网店装修设计比较注重动态美观设计，也就是在信息表达的形式上大量运用动图或者短视频，并且搭配文字组合，让重点信息更加突出，次要信息一笔带过，充分展示自己商品的优势。同时这种动态美观也是注重满足对浏览者不同感官的充分刺激，来达到使消费者印象深刻的目的。比如，网店不同于实体店，可以使商品在触觉和嗅觉方面影响到消费者，网店只能在视觉和听觉方面下功夫，而传统静态网页设计几乎只关注视觉方面的效果。虽然视觉刺激依然是主要方面，但是听觉方面依然不能忽视，网店装修设计充分运用短视频和语音介绍，让商品信息展示动起来，让浏览者立体化地感受到商品的优势效果必然更好。合理的色彩使用与搭配使网店装修设计更加美观。当下社会风气讲究返璞归真，人们更加推崇自然的并且加工少的东西。这一原则在网店装修设计中也要充分运用，在网页大面积使用的颜色中多运用低饱和度的自然色，尽量减少运用高饱和度的人造色，这可以增加浏览者的舒适感，让浏览者感觉美观。同时在色彩的组合搭配方面，应该总体上注意避免颜色的冲突，这样可以增加网店装修设计的整体感。但是在特别提醒处的颜色运用，如引导标签、注意事项上就应当用差别较大的颜色，增强警示作用。

（2）设计的实用性：完整的信息表达要在浏览者浏览不遇到困难的情况下才能被接收到。网店装修设计在界面操作难度上，要根据商品所针对的重点销售人群进行差别化设计。比如针对老年销售的产品，其顾客通常年龄偏高，因为身体机能的退化或者网络使用学习的不够充分，在操作上容易遇到困难，从而不能了解所关心的商品信息，这就要求设计者在设计的网店装修方案时尽量减少浏览者的操作步骤。能用一张图片展示商品信息的不要用若干行文字表达，能用短视频全面展示商品的不要用长页的图片，能在一页中展示的信息尽量避免多页展示。同时针对老年群体还要减少周边广告或者推广信息栏的设置，这样可以减少老年消费者受到周边信息的干扰。相反，针对年轻消费群体的商品就不必拘泥于操作的简单，一切以充分表达商品信息为原则。同时因为年轻群体不像老年群体一样依赖与客服的交流，所以客服交流链接的设置不用像老年产品的网店页面一样优先布置。

## 11.2 店铺维护

### 11.2.1 维护老客户

#### 1. 日常处理过程

每一个客户进来——查看、了解问题——明白客户想法与需求（可以做到猜到客户心理）——针对问题提出解决方案——锁住客户，客户未达成/协商一致的情况——及时申请反馈并回复——难处理多次尝试沟通——每一次进行需求与利润匹配——做好批注与解决。

#### 2. 维护方法

做好日常每一次售后服务。（交易的开端—末端）

（1）每一个客户都是一个重要的流量，从购买开始到交易完成的每个环节都应当让客户感到舒心、赢得信任。

（2）对客户反馈的问题（不论大小）都应表示歉意，这可以取得良好的沟通环境，切莫拒人于千里之外，那就不能处理好售后，更别说维护了。（语言的魅力和力量）

（3）客户的要求无法满足/协商一致时，应表示抱歉，同时寻求或升级进一步处理。（每一次可协商的机会千万不可放弃，多协商有些客户会被打动）

（4）可用部分金钱与客户达成一致的，务必一开始友好协商，不可直接否决，要留下再次沟通的空间，售后处理应具备伸缩性，所谓“买卖不成仁义在”，但不可犹豫不决。

（5）每一个优质客户立马添加好友，让客户产生好感。

### 11.2.2　阿里旺旺、短信、电话的亲切问候与回访

（1）对于高客单价的用户，交易成功后的 15 天左右可以进行电话回访，询问客户的使用感受、产品意见、改进意见、看法等，同时送上真挚祝福与问候。

（2）对于客单价中低端但多次购买的用户，也可电话回访，询问使用体验、使用方法，以及对于产品与服务的一些需求，后期便于改进和提升。

（3）阿里旺旺（简称旺旺）、短信，在日常活动/节假日是比较常见的维护方式，旺旺的一些简单问候回访，短信的优惠告知与赠送，都会给客户一个特殊的感受，至少店铺心里有这个客户，还记着这个客户。

（4）回访与问候务必真切、实诚，不可草草了事。

（5）访客后的重点信息务必做好记录。

### 11.2.3　制定老客户专享优惠福利待遇

（1）可提供新品特惠/免费赠送老客户体验。

（2）特定款或大部分会员优惠（会员等级）。

（3）买赠活动（限定款/特定款）。

（4）免费提供礼物与试用品（礼品）。

（5）更多有趣的老客户活动体验及参与。

### 11.2.4　创立客户群体

（1）建立旺旺群、微社群等互动。

（2）将客户分类（如根据产品、金额、消费类型）。

（3）为客户提供准确、贴切产品。

（4）活动告知、产品推广、新品尝鲜活动。

### 11.2.5 回归服务与产品

（1）服务可增设客户点名表扬次数，增强服务动力与客户体验。

（2）改良产品，提供多元化需求。维护客户的重点在于日常，用心关怀，礼貌坦诚相待，则可让客户放心无忧地购物，就可以牢牢锁定每一个忠实的客户。

# 第 12 章

# 客服管理

## 12.1 插件类型

本系统所采用的客服工具主要有 3 种，分别是阿里旺旺、365webcall 和 QQ，在使用每种插件之前都需要根据系统提示来进行相关配置。在系统后台页面中，单击“会员管理”，下方会出现“客服管理”一栏，接着进入客服工具配置，在选择好插件类型后，可以手动输入平台 QQ 号和平台旺旺号，之后单击“保存”按钮即配置成功。客服工具配置界面如图 12-1 所示。

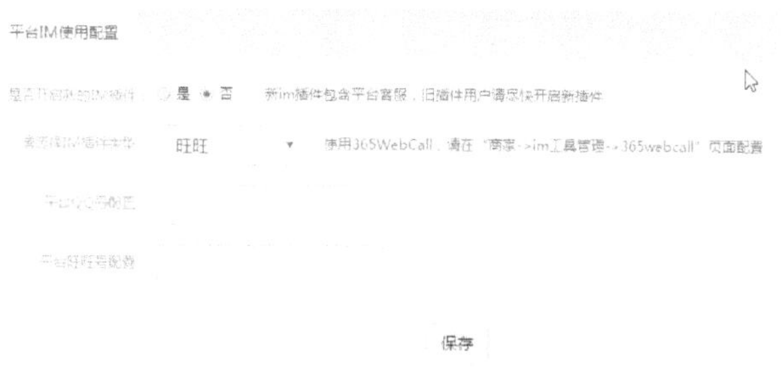


图 12-1　客服工具配置界面

### 12.1.1 阿里旺旺

阿里旺旺（简称旺旺）是将原先的淘宝旺旺与阿里巴巴贸易通整合在一

起的一个新品牌。它是淘宝和阿里巴巴为商人量身定做的免费网上商务沟通软件/聊天工具，可以帮助用户轻松找客户，发布、管理商业信息，及时把握商机，随时洽谈生意，简洁方便。

### 12.1.2 365webcall

365webcall在线客服产品包括了智能在线客服系统和智能辅助输入系统两部分产品系列。365webcall 智能在线客服系统是一种运用于网站的客户营销工具，可以使访客在不下载、安装客户端的前提下与网站方进行交流，网站方也可主动与访客交流。它是由在线咨询、智能应答、数据分析、客户管理四大模块组成。

### 12.1.3 QQ

QQ 是腾讯QQ 的简称，是腾讯公司开发的一款基于Internet的即时通信（IM）软件。目前 QQ 已经覆盖Microsoft Windows、OSX、Android、iOS、Windows Phone等多种主流平台。其标志是一只戴着红色围巾的小企鹅。腾讯 QQ 支持在线聊天、视频通话、点对点断点续传文件、共享文件、网络硬盘、自定义面板、QQ 邮箱等多种功能，并可与多种通信终端相连。

## 12.2 售前售后管理

### 12.2.1 售前管理

售前客服是网店的形象，是和客户直接交流的重要角色，首要工作是要做好消费者购物的引导工作，做到“不放过每一个进店的客户”，并且尽可能提高客户进店购物的客单价，提高全店的转化率。

1. 售前客服的每日工作流程

（1）进入后台，查看前一日所有订单，是否有异常的订单（含申请退款的订单）。

（2）查看工作台的留言，有客户留言的话，不管对方是否在线，一定要及时回复，以便客户上线后可以看到。客户留言的问题要及时解决。

（3）售后问题做好简单记录，并发给售后客服做好存档记录，以便后期查询。

（4）客户拍下之后，12 小时之内没有付款的，应该及时和客户联系，适当地催单。

### 2. 售前工作注意事项和必做内容

（1）售前客服在工作期间，必须细心、有耐心，阿里旺旺必须设置自动回复（在没有客户进来的情况下，暂时离开位置，需要将旺旺挂起时），响应率和态度都要做到好，只要是前来咨询的客户（广告的阿里旺旺除外），都必须加阿里旺旺好友，并进行分组、备注，以便做后期潜在客户的营销。

（2）在接待客户的时候，不得擅自将自己的客户转给其他人，以免给客户造成不良的印象。

（3）和客户聊天的过程中，要保持良好的心态，面带微笑，把客户视为自己的朋友，不同的客户，采用不同的聊天方式去沟通，引导客户下单，有机会再向客户推荐其他热销，或者是关联的商品，

（4）客户在下单之后，一定要和客户核对收货信息是否准确无误，在客户比较好沟通的情况下，可以推荐客户关注我们的微博，或者是微信平台。

### 3. 售前客服疑难问题汇总及解决方案

#### 1）意向客户跟进

为了更好地跟进有意向的客户，不浪费我们的客户资源，以后针对有意向的客户，用表格的形式记录好，并且需要定期跟进，一直跟进到有结果为止，如果未下单购买，需统计出原因。

**2）自拍订单的处理**

每周由会议主持人员查看后台，10 分钟之内联系到客户，遇到会议主持人员不在的情况，先交给别的同事去处理。自拍订单属于之前咨询过的客户，则通知客服去联系（跟进、核单、付款等）；自拍订单属于之前未咨询过的客户，则由每周会议主持人员去跟进（核单、付款等）。

**3）离线留言**

如客户留言产品咨询信息，上线收到咨询信息，第一时间回复，并且致歉。没有客户的情况下，暂时离开位置时，需要挂起。

**4. 基本要求**

（1）客户难以沟通/脾气差、缺乏耐心，一定不能有抵触的情绪，面带微笑地回答客户的问题，不要马上反驳客户的问题。

（2）客户购物经验不足/问题多，耐心对待客户的疑问，这类客户很容易培养成忠实客户。

（3）要准确正面地回答客户的问题，如果有疑同，切记不要自己承诺客户，可以先和周边的同事确认之后，再回答客户。

（4）面对讨价还价要坚持自己的原则，不轻易减价，对于购买金额比较大的客户，可以送赠品或者包邮等。

（5）客户咨询/货售罄和客户道歉，并引导客户购买其他相同的款式，安抚客户的情绪，并记录客户的喜好，库存补齐之后通知客户。

## 12.2.2 售后管理

**1. 售后咨询**

（1）与想象不符：首先对买家做出道歉，详细介绍出产品的价值和性能，以上无效后，转入现金补偿、换货、退货流程。

（2）服务不满意：首先查询客户聊天记录，记录服务所在问题，掌握买家真实想法，如买家找理由退换货，切勿指责，转入现金补偿、退换货流程即可。

（3）少发货、缺货：首先赔礼道歉，然后核查聊天记录，后查订单，是否有分包单号，员工是否失误，如责任在我，第一时间手写面单进行补发，另外发放店铺优惠券补偿买家。如果后台所有信息完全正确，要求买家拍照，再次做出道歉给予补发。

（4）到货延迟：员工发货延迟，客户地址联系方式不详，快递公司问题。先把客户订单物流信息调出，分不同情况进行快递催单、道歉和灵活解释。一定第一时间告诉买家，主动跟进，决不允许买家再三催促、忘记查询等现象发生。

（5）运输破损：如买家已签收，值班客服需让用户拍照取证，酌情转入现金补偿、退换货流程。

（6）质量问题：买家需提供照片和质量问题所在，当班客服做出判断，确认后给买家致歉转入现金补偿、退换货流程。

（7）以上所有问题，值班客服必须进行翔实记录，分清责任提交至客服主管，作为周一例会主要内容。

### 2. 中差评处理

（1）售后客服每日定时查询“好评助手”，建立中差评记录表格。表格内容包含：时间、旺旺 ID、联系电话、购买物品、评价内容、严重程度、处理状态（已旺旺留言、已发送短信、已电话沟通）、进展状况。

（2）评价严重的优先处理，查看聊天记录，了解客户交易细节，留言旺旺，进而短信发送，如 48 小时无响应，进行电话沟通。

（3）记录每次处理流程和结果，对已有售后处理流程、留言规范、话术技巧进行完善更新。

## 12.3 客服考核标准

### 1. 售前好服务

售前客服是跟客户接触的最前线，售前客服的素质和水准，往往可以左右成交及客单价。目前对售前客服的考核存在一个误区，认为售前客服就是接待并促使成交，因此把售前客服等同于销售，将销售额作为唯一的考核项，而忽略了接待量、转化率、客单价及其他服务层面的考核，这其实是一种只顾眼前利益的做法。细致化的考核，才更有利于客服，有利于店铺的发展。因此，售前客服的考核，建议分为以下五个方面，按一定比例进行细致化的综合考量。

**1）服务得分占35%**

服务得分的考核包括聊天记录、回复率、响应时间、客户评价等几个指标项，投诉处理、备注精确度、回复的专业性也包含在内。这是考核点中占比最高也是最需要重视的方面，因为服务得分对于店铺长远的品牌建设是相当关键的，客服接待过程中的话术、回复率、响应时间及备注等都能为店铺形象增色。

**2）转化率占30%**

转化率可根据客服等级和每个季度规划适当调整。转化率高低也是客服自身能力的一个表现，在询单过程中，如果能洞察客户的需求和喜好，有针对性地推荐从而引导成交，转化率就会高。

**3）客单价/客件数占20%**

客单价应根据本店商品均价和客服等级调整，在考核时，客件数的考核要参考当月所有淘宝客服平均客件数。这一项考核标准是将销售能力细化到客单价来考量，可以进一步激发客服主动性的商品关联推荐，让客户感觉到专业化的商品搭配建议，提升店铺整个的品牌价值和服务。

**4）接待客户量占10%**

接待客户量能够从侧面反映客服的工作效率，但考核时要以当月该店铺当班次所有销售旺旺号平均接待人数为标准；退款率占 5%。

在售前客服的考核点中，退款率占比应该最低。考核时要按平台统计团队平均退款率。

**5）端好“售后”的饭碗占 5%**

售后客服有别于售前客服，他们没有销售目标，主要处理的是物流查询、退换货和评价处理的工作。目前，有很多店铺的售后客服缺乏考核或者干脆没有考核，干多干少一个样，唯一和售后挂钩的就是 DSR 服务得分。售后客服更需要秉承“客户第一”的原则，在这当中，有完善的考核指标也是至关重要的事情。

### 2. 售后客服以工作内容为维度进行考核

**1）服务得分占 40%**

跟售前客服一样，服务得分的考核同样包括聊天记录、回复率、响应时间、客户评价等几项指标，不同的是，客户评价占 10%。因为售后客服是最贴近“客户服务”的，此前客户对店铺的印象，有可能因为售后客服的服务质量而迅速扭转。

**2）解决率占 40%**

这当中包括中差评处理、物流跟进、退换货处理等，考核时可参考处理数量、完成率、服务得分、响应时间、出错率（扣分项）。

**3）接待客户数占 20%**

不同于售前客服的一点是，售后客服的日常工作还包括了“400 电话回访”，这时，便要考核客服的呼出电话数量。总之，不论是负责哪块内容的售后客服，考核的标准基本是相似的——主要考核的是处理数量、完成率、服务得分、出错率和响应时间，其中，退换货处理还可以考量“成本控制”。如果有客户要求退货，客服能尽量安抚客户，引导客户将退改为换，或者是补差处理，将会大大节省店铺的退换货开支。

售后客服的绩效贯彻多劳多得原则，服务好、售后问题处理得当的多拿钱，但是，如果出错率和投诉率高，也会被扣分。

# 第 13 章

# 结算及报表查询

结算是会计用语，指把某一时期内的所有收支情况进行总结、核算。结算是指根据交易结果和交易所有关规定对会员交易保证金、盈亏、手续费、交割货款和其他有关款项进行的计算、划拨。结算包括交易所对会员的结算和期货经纪公司会员对其客户的结算，计算结果将被计入客户的保证金账户。报表就是用表格、图表等格式来动态显示数据，可以用公式表示为“报表 = 多样的格式 + 动态的数据”。在没有计算机以前，人们利用纸和笔来记录数据，比如，民间常说的豆腐账，就是卖豆腐的人每天将自己卖出的豆腐记在一个本子上，然后每月都要汇总计算，这种情况下，报表数据和报表格式是紧密结合在一起的，都在同一个本子上。数据也只能有一种几乎只有记账的人才能理解的表现形式，且这种形式难于修改。

## 13.1 结算管理

结算管理就是银行根据国家有关规定，组织对结算办法、结算制度的贯彻执行并正确及时地办理会计结算，对开户单位资金收付活动进行的反映、监督、控制和促进，保障结算资金的安全运动。结算管理是金融管理的一个重要组成部分，由于转账结算是银行结算的主体，因而转账结算的管理在整个银行结算管理中居于主导地位。结算管理的内容包括银行结算内部管理、账户管理、银行必须加强账户管理工作三方面内容。

### 13.1.1　结算汇总

结算管理主要包括结算汇总以及结算明细。其作用表现在：

（1）便利商品交易，缩短结算过程和时间，加速资金周转，加速社会扩大再生产的顺利进行。

（2）减少现金使用，减少货币发行，从而节省大量的流通管理费用，并有利于加强对市场货币流通的管理。

（3）通过结算过程，对国民经济各部门、各单位的资金运动进行统计、反映和监督。

商家可以根据此模块查询所有店铺或者自营店铺在特定时间段内的账单，这时可以看到账单的结算状态分为全部、未结算和已结算三种。同时，可以对账单进行检索和导出操作。账单的详细信息包括操作、账单编号、所属商家、订单数量、商品款、运费、退款金额、佣金、结算金额、结算状态、账单开始时间。结算汇总如图 13-1 所示。

图 13-1　结算汇总

### 13.1.2　结算明细

交易所对会员存入交易所专用结算账户的保证金实行分账管理，为每一会员设立明细账户，按日序时登记核算每一会员出入金、盈亏、交易保证金、手续费等。

交易所实行保证金制度，保证金分为结算准备金和交易保证金。结算准备金设最低余额，每日交易开始前，会员结算准备金余额不得低于此额度，否则交易所将按有关规定对其强行平仓。

交易保证金是指会员在交易所专用结算账户中确保合约履行的资金，是已被合约占用的保证金。当买卖双方成交后，交易所按持仓合约价值的一定比率向双方收取交易保证金。

交易所实行每日无负债结算制度。该制度是指每日交易结束后，交易所按当日结算价结算所有合约的盈亏、交易保证金及手续费、税金等费用，对应收应付的款项实行净额一次划转，相应增加或减少会员的结算准备金。

结算明细属于财务类框架，主要包括订单支付方式、退款方式、订单编号、所属商家、可结算时间、付款时间、商品 id、明细商品的编码、商品编码等，同时还包括结算的起止日期、商家的选择、结算类型来检索及导出。其中，商家选择包括自营店铺等。结算类型包括普通、售后、拒收结算等。

同结算汇总一样，商家可以选择所有店铺或者自营店铺在特定时间段内的结算明细，这时可以看到账单的结算类型分为四种：全部、普通结算、售后结算和拒收结算。同时可以对账单明细进行检索和导出操作。结算明细的记录详细信息包括订单支付方式、退款方式、账单编号、所属商家、可结算时间、付款时间、商品 id、明细商品的编码、商品标题、商品价格、购买数量。结算明细如图 13-2 所示。

图 13-2　结算明细

## 13.1.3　购物券补贴汇总

购物券从表现形式上基本上分为实物购物券及虚拟购物券两种，一般为单位或慈善团体为达到促销、刺激消费等目的而派发的、具有一定有效时间限制的换购、抵用、现金代用券或虚拟优惠券。购物券的实现一方面为消费者提供了市场消费基础，另一方面也起到拉动和刺激经济的作用，为企业盈利和市场经济发展都带来便利。购物券分为实物购物券及虚拟购物券，一般表现为赠券、购货券、现金购物券、提货券、电子购物券、积分换购券等。

购物券补贴汇总属于财务类中的购物补贴框架，主要包括操作、账单补贴编号、购物券名称、所属商家、订单数量、补贴金额、补贴状态、账单开始和账单结束时间菜单。可以通过购物券名称、所属商家、补贴发放状态进行检索和导出任务。购物券补贴汇总信息如图 13-3 所示。

图 13-3　购物券补贴汇总信息

## 13.1.4　购物券补贴明细

购物券补贴明细汇总属于财务类中的购物补贴框架。主要包括购物券名称、订单编号、所属商家、付款时间、分摊之后的实付金额、购物券分摊、补贴金额、类型、创建时间等。可以通过创建时间截止日、购物券名称、所属商家名称、补贴类型等进行检索和导出。其中补贴类型包括普通补贴和退还补贴。购物券补贴明细记录信息如图 13-4 所示。

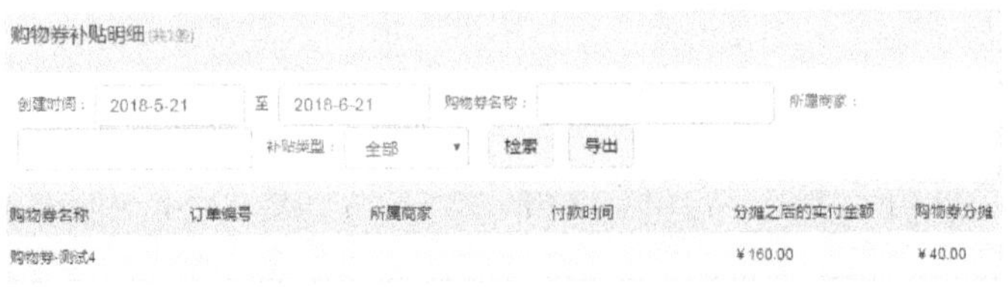


图 13-4　购物券补贴明细记录信息

### 13.1.5　平台保证金

平台保证金管理也是网店结算管理的重要一环。管理列表包括四种状态：全部、正常、预警和欠缴。每条记录的详细信息有查看、操作、店铺、保证金额度、保证金余额、保证金账户状态和最后更新时间。平台保证金管理信息如图 13-5 所示。

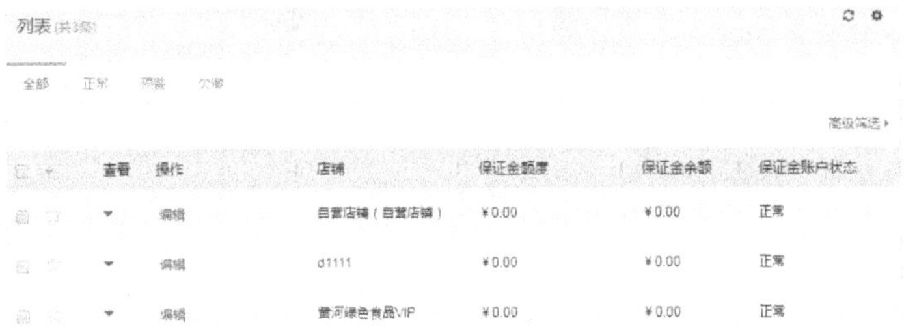


图 13-5　平台保证金管理信息

## 13.2　报表查询

### 13.2.1　经营概况

在后台管理界面中，单击经营概况标签，可以根据管理员的需求对信息进行查询。根据时间范围的选择，可查询的信息主要包括新增订单信息、已完成订单信息、退款订单信息、新增会员信息及新增商家数信息等。经营概况如图 13-6 所示。

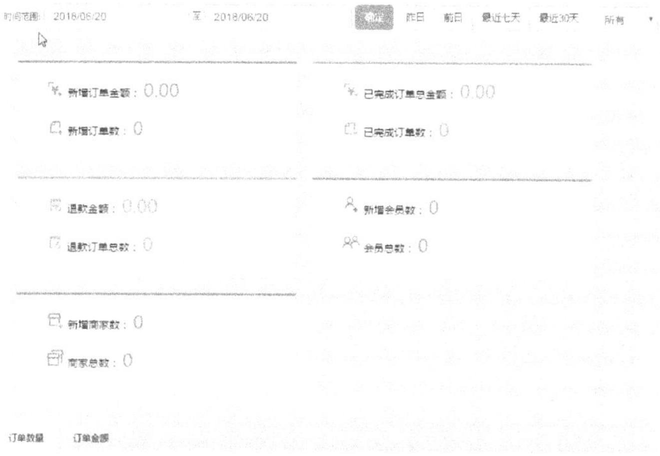


图 13-6　经营概况

同时在界面底部，系统会根据近期订单的数量及交易金额进行统计，并自动生成折线统计图，其中包括新增订单数、已退款的订单数量及已完成的订单数量。订单数量折线图如图 13-7 所示。

图 13-7　订单数量折线图

订单金额折线图如图 13-8 所示。

图 13-8　订单金额折线图

## 13.2.2　销售情况

在销售情况模块中，主要包括交易数据统计、店铺数据统计及商品数据统计信息。

在交易数据统计中，用户可以根据需求对信息查询时间进行选择，该界面会显示订单数量及金额的折线统计图。

同时，根据需求可以对原始数据进行查询，可以查询到平台交易的数据详情，并分为 PC 端、触屏端以及 App 端的交易信息。具体信息包括新增订单数、新增订单额、统计来源、已退款订单数量、已退款订单额及统计时间等，可以根据需要进行数据的导出操作。交易数据统计信息如图 13-9 所示。

图 13-9　交易数据统计信息

在店铺数据统计中，用户可以根据时间进行销售有关的信息查询，其中与店铺有关的具体信息包括店铺名称、店铺排名及店铺的销售量。同时，系统会根据销售量及销售额进行排行，在浏览原始数据后，后台系统显示店铺的具体排行信息，具体包括店铺名称、销售额及销售量。店铺统计数据信息如图 13-10 所示。

图 13-10　店铺统计数据信息

在商品数据统计中，用户也可以根据时间需求对商品的销售量及销售额的排行进行查询。其中主要包括商品排名、商品名称、商品所属类目、商品所属店铺及商品销售量。在浏览原始数据后，后台系统显示出商品的销售排行信息，其中包括商品标题、所属店铺、所属一级分类、商品名称、销售数量及销售总价等信息。商品数据统计信息如图 13-11 所示。

图 13-11　商品数据统计信息

### 13.2.3　收藏情况

后台管理系统中的收藏情况标签包括商品收藏统计及店铺收藏统计的具体信息。

在商品收藏统计信息中，用户可以根据时间的需要，对商品收藏量排行进行查询，其中包括商品排名、商品名称、商品所属类目、商品所属店铺及商品收藏量。具体信息显示如图 13-12 所示。

在浏览原始数量后，可以查询到具体的商品收藏排行，其中主要包括商品所属店铺、所属一级分类、商品名称及收藏数量等信息。

图 13-12　商品收藏统计信息

在店铺收藏统计信息中，用户可以根据时间的需要、店铺收藏量的排行信息进行查询，其中包括店铺排名、店铺名称及店铺的收藏量信息。在浏览原始信息后，可以对店铺收藏排行具体信息进行查询，其中包括店铺名称及店铺的收藏量信息。店铺收藏统计信息如图 13-13 所示。

图 13-13　店铺收藏统计信息

## 13.2.4　会员情况

会员情况包括会员排行信息，主要是根据订单量及订单额进行会员的总排行。

用户可以根据时间的需求对会员用户的订单量及订单额排行进行信息查询，其中包括订单量排行及订单额排行。排行信息主要包括会员排名、会员名称及会员下单量等信息。

在浏览原始信息后，可以查询到具体的会员信息排行，其中包括用户名、下单额、下单量及经验值等信息。会员排行信息如图 13-14 所示。

图 13-14　会员排行信息

4

第四部分

# 多语言电子商务平台个人会员管理模块

# 第 14 章

# 交易订单与信息状态追踪体系

## 14.1 会员注册规则及应用

电子商务跟传统零售行业一样，其本质都是零售和交易，都是通过寻找和锁定目标客户群，为目标用户提供好的产品和服务，促成交易。电子商务网站推广的最终目的是获得更多的忠实会员。会员是电子商务一切业务的基础，无论是 C2C、B2C 还是 B2B2C 模式的网站，发展会员并进行定期访问和维护的制度是其营销战略的一个重心。为了适应现代经济竞争的变化，电商平台开始了从“以产品为中心”的模式到“以客户为中心”的模式的战略转变。在此背景下，为了使用户活跃和留存，提高交易转化，会员体系应运而生。

会员体系是通过划分普通用户与会员用户，进而针对普通用户与会员用户提供不同的产品和服务。通过会员体系用户管理系统，可以更加有效地掌握会员用户的资料，了解用户的兴趣爱好和消费习惯，挖掘用户意向需求；同时可以进行用户分层，针对不同用户提供优质的个性化服务。事实上，会员体系不是电子商务出现以后才产生的，而是随着商业的诞生发展起来的。现在是电子商务领域的会员体系，即电子化会员体系。大多数电商做会员体系和积分体系的目的，都是提高用户活跃与留存，提高客单价或网站 GMV。

为了达到这些目标，在设计会员体系之前，需要考虑清楚三个问题：一是这套会员体系能够给用户带来什么价值，这个价值是否是用户所切实需要的；二是设计的会员体系通过什么渠道接触用户，让用户尽可能地成为会员用户；三是在满足用户基于会员体系享受折扣等特权服务的基础之上，这套体系能够给自家网站创造多大的价值，带来多高的销售增长。最直观的表现就是消费频次的提升和成交率（成交额）的增长，当然还有用户层面的留存与活跃提升。

会员体系具有以下作用：收集会员资料，了解会员兴趣爱好和消费习惯，挖掘会员潜在购物需求；在运营层面进行会员用户分层，针对不同层级会员进行精细化运营管理；以积分、成长值、经验值等刺激和引导用户完成会员体系设计之初期望用户完成的相关动作，促进其积分、成长值的获取和增长，提高会员级别，提升用户活跃与留存；会员成长值可以兑换积分、领取优惠券及享受各级别会员服务，提供与普通用户差异化的产品功能与服务，促进会员的交易增长，同时提升会员荣誉感与被尊重感。

设计会员体系之初，在产品和用户两侧分别需要达成两大目标：用户侧，通过获取积分、成长值等，提升会员级别，以折扣价格购买商品，以及享受其他普通用户无法享受的服务，核心为折扣和好产品好服务，这是用户价值层面的考虑；产品侧，完善会员体系，提升用户活跃留存，提升客单价或网站总销量，核心为交易额，这则是产品价值或核心业务目标层面的思考。

对于做电子商务的企业来说，不管在运营的哪个阶段，做好会员营销都要比刷流量靠谱。这样不仅能直接促进销售，更有利于通过会员制度建立起忠实的客户群，从而形成较为稳定的销售支撑，并可以通过不断强化会员的忠诚度来展开口碑营销式的推广。可见会员对于企业是多么重要。下面详细介绍在此网站下如何注册会员。

首先打开 IE 浏览器（不限），输入一带一路特产网的网址，网址的具体域名为 http://xbmu.ww.yixiit.com/index.php/，打开网站主界面如图 14-1 所示。本网站是多语言电子商务平台，也就是说，这个网站服务于不同语言的用户。鼠标单击首页，便可以看见汉语、藏语、维语、蒙语、英语五种语言的语言切换界面，如图 14-2 所示。用户可以通过自己的语言需求来选择相应的语言，此功能也可以在网站的底部进行切换。本教程主要使用汉语教程，其他语言的操作过程与此相同。

图 14-1　网站主界面

图 14-2　语言切换图

单击“藏语”图标，网页便切换成了相应的藏语界面，如图 14-3 所示。

在顶栏找到“注册”按钮，单击“注册”按钮，弹出用户注册页面，如图 14-4 所示。用户填写手机号码，并单击“下一步”按钮，如图 14-5 所示。填写正确的手机验证码，单击“下一步”按钮，填写登录名和密码，单击“下一步”按钮，如图 14-6 和图 14-7 所示，便可完成个人会员的注册。如果有注册好的账户，单击“已有账号？去登录”的模块，便可以直接登录网址。

图 14-3　藏语界面

图 14-4　用户注册（1）

图 14-5　用户注册（2）

图 14-6　用户注册（3）

图 14-7　用户注册（4）

## 14.2　会员登录及注意事项

完成注册后，会员可回到网站首页，单击顶栏的“登录”按钮，弹出如图 14-8 所示的用户登录界面。会员可输入用户名和密码，也可以选择是否“下次自动登录”的选项，单击“登录”，便可以登录一带一路特产的网站，可以随意浏览网站的特产并选择购买。

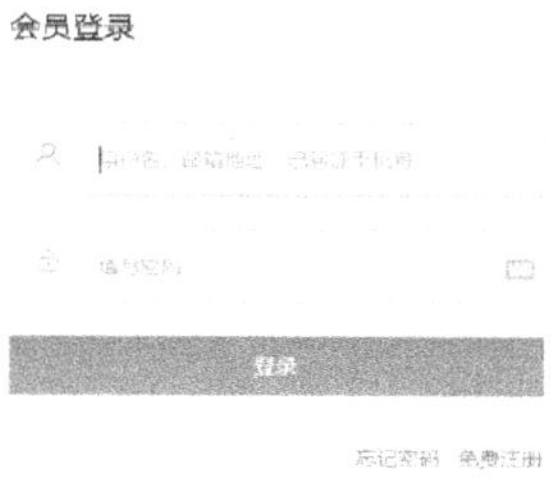


图 14-8　用户登录

如果会员忘记了密码，可以单击图 14-8 所示的“忘记密码”，就会弹出如图 14-9 所示的对话框。输入用户名，单击“下一步”按钮，输入手机号或邮箱，单击“下一步”按钮，设置新的密码即可。

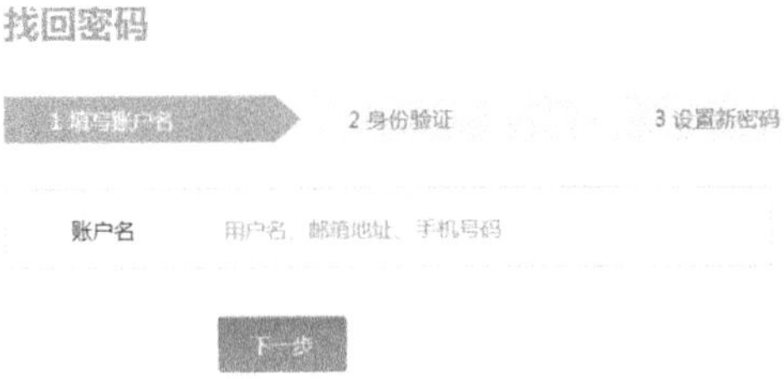


图 14-9　密码找回

会员如果想了解自己账号的相关信息，可以单击首页顶栏的“会员”，便可以看到个人相关的所有信息，如图 14-10 所示。

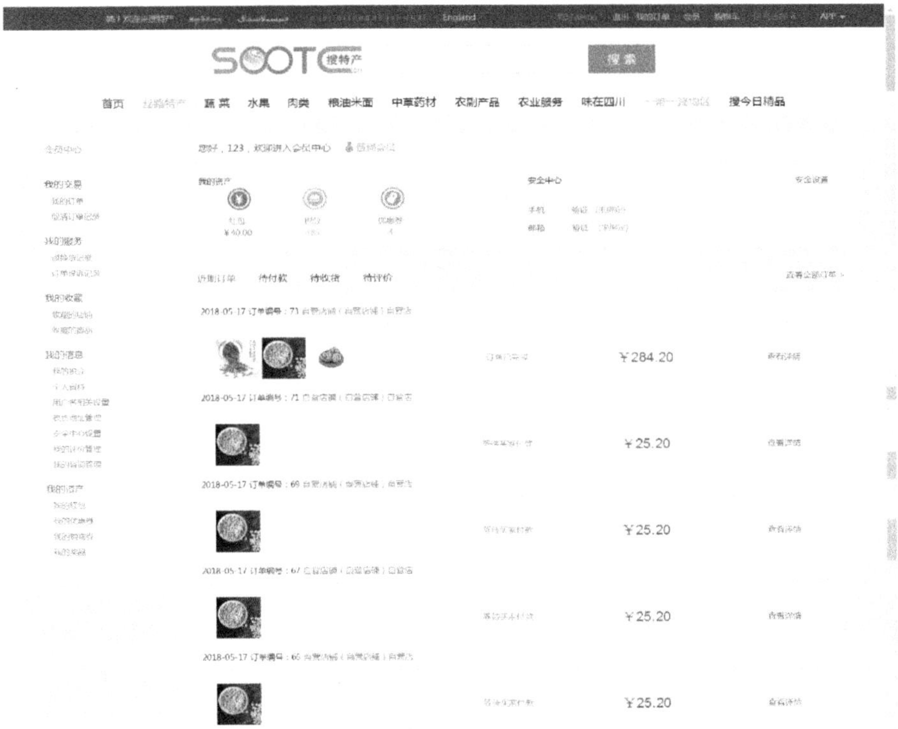


图 14-10　会员信息

会员还可以查看当前自己的成长值。会员刚注册时的成长值为 0，等级是普通会员。不同等级的会员享有不同的特权，会员等级划分是一种比较实用也比较科学的会员区隔的定量分析手段。但随着互联网的演变，用户与品牌 / 平台接触的方式和触点也越来越丰富，对用户进行区隔聚类，还可以选择定性的描述性标签进行聚类区隔分组。此后会员可以通过成交笔数和成交金额逐步提升自己的成长值，升级到更高的等级。

会员可以单击图 14-10 中的“普通会员”来查看当前的会员的成长值，如图 14-11 所示。

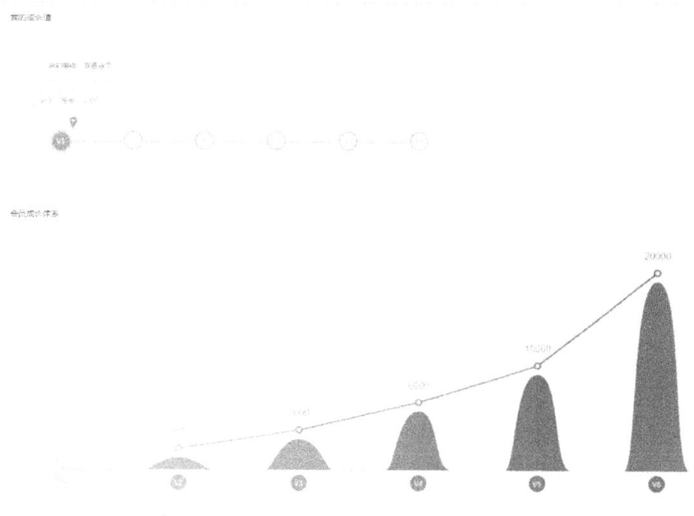

图 14-11　会员成长图

# 14.3　订单的追踪查询体系

## 14.3.1　会员订单使用流程

会员登录一带一路特产网后，可以在首页看到丝路特产、蔬菜、水果、肉类、粮油米面、中草药材、农副产品、农业服务、味在四川等模块，下面分别介绍每个模块包括的具体内容。

丝路特产包括干果坚果、休闲食品、奶茶冲调；蔬菜包括豆类、菜心、白菜；水果包括新疆特产水果、宁夏特产水果、西藏特产水果；肉类包括牛肉、羊肉；粮油米面包括五谷杂粮、食用油、调味品；中草药材包括中药调理、参类、贵细滋补；农副产品包括酒茶冲饮、面食加工、蔬果加工、肉蛋奶。其中具体的食品如图 14-12～图 14-18 所示。

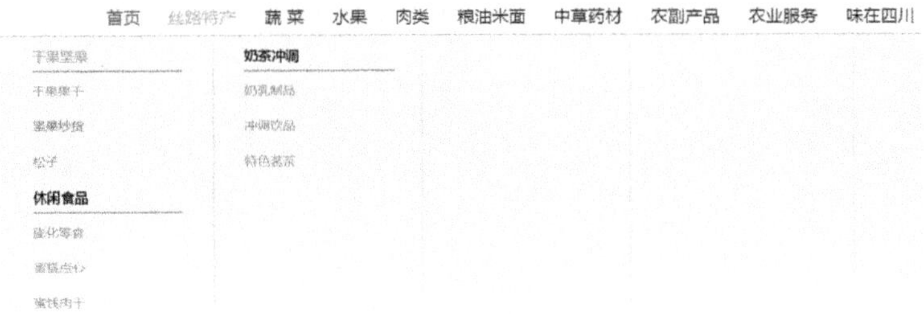


图 14-12　丝路特产分类

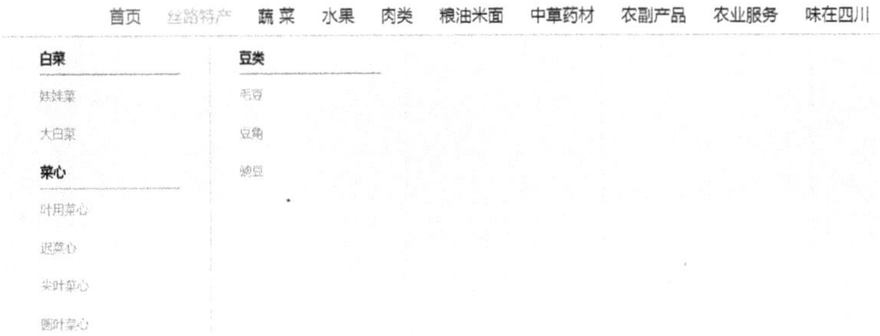


图 14-13　蔬菜分类

图 14-14　水果分类

图 14-15 肉类分类

图 14-16 粮油米面分类

图 14-17 中草药材分类

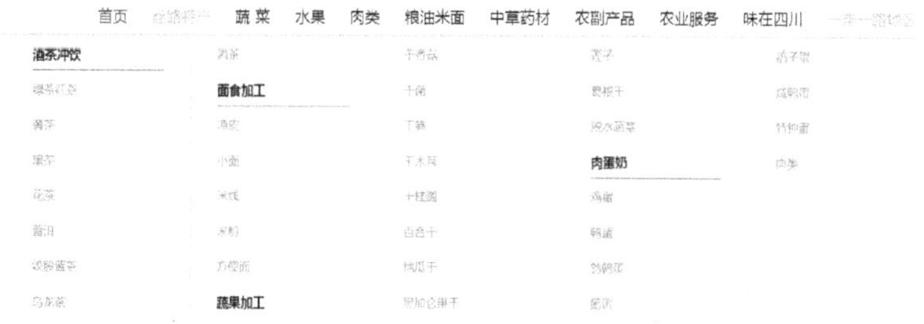


图 14-18 农副产品分类

除用以上方法选择商品，本网站还支持分省导航，会员可以通过不同的省份定位来挑选自己需要的商品。如会员想要购买新疆的商品，就可以通过首页定位到新疆特产的推荐界面，选择自己需要的特产，如图 14-19 所示，其他省份的功能与此类似。

图 14-19　新疆特产

会员也可以根据喜好浏览不同的商品，通过搜索功能，输入需要的食品进行搜索，如输入“枸杞”，弹出如图 14-20 所示界面，以减少会员寻找商品的时间。会员看见喜欢的商品时，可以单击商品，查看商品详情，如图 14-21 所示。会员可以在商品详情的页面根据自己的喜好收藏或者购买，在商品详情页面的右边可以切换不同的语言，方便不同语言的用户使用。

在商品详情这个页面上，有三个模块，即产品介绍、产品评论及商品咨询。下面分别介绍这三个模块的具体信息。

产品介绍包括所售商品的实际图片、与商品相关的信息、商品功能、商品保质期、注意事项、使用方法等。产品评论是指已购买商品的会员对商品所做的相关评价，这部分可以给会员提供参考，会员通过浏览其他会员对商品所做的评价从而获得更全面的信息。商品咨询包括四个方面：商品咨询、库存配送、支付方式、发票保修，会员有任何问题都可以向工作人员咨询，如图 14-22 所示。用户编辑好问题后，可以选择是否匿名，单击“提交咨询”即可。

图 14-20　搜索界面

图 14-21　商品详情

图 14-22　商品咨询

会员选好所需购买的商品后，单击“立即购买”，弹出如图 14-23 所示的界面，单击最下方的“提交订单”，如图 14-24 和图 14-25 所示，会员购买此商品后，可以在“我的订单”中查询此商品。

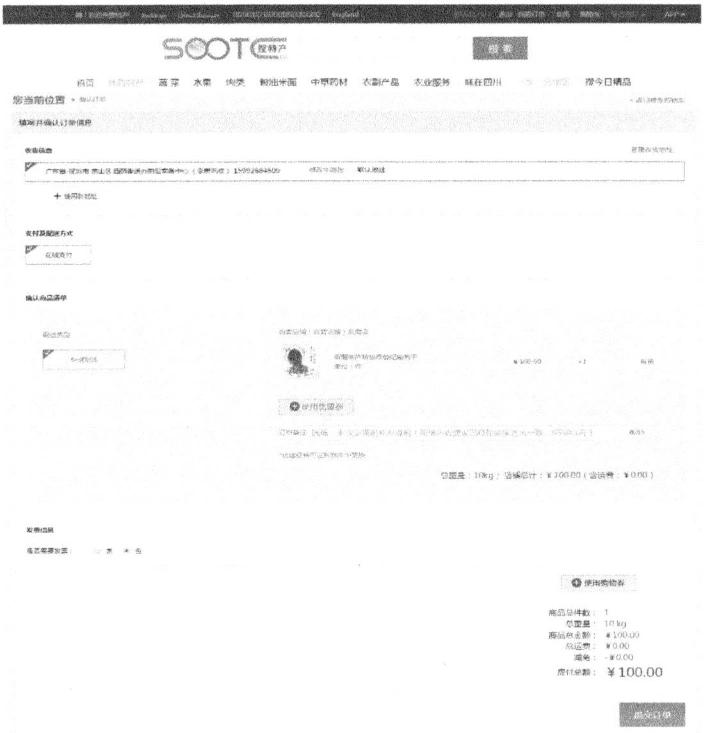

图 14-23　商品购买详情

图 14-24　提交订单

单击导航栏中的“我的订单”，便可以看到以下页面，如图 14-25 所示。

图 14-25　订单详情

会员如果对商品或者发货的具体信息有问题，可以直接与店铺的客服人员交流，单击想要购买的商品，单击商品右边的“和我联系”，如图 14-26 所示，就可以与客服人员进行交流。详细的界面如图 14-27 所示，会员在聊天对话框中可以输入相关问题，与客服人员进行更细致的交流。

图 14-26　商品详情

图 14-27 聊天界面

## 14.3.2 第三方支付平台的使用

### 1. 第三方支付平台的含义

一个典型的电子商务交易由三个阶段组成，分别是信息搜索、支付及物流配送。随着国内电子商务的发展，信息搜索已经比较成熟，各类 B2C 和 C2C 网上购物已经被普遍接受。但是从信息搜索到完成网上订单还存在一段距离。如何解决网上支付问题，有效促进电子商务信息流、资金流和物流的有机结合，确保电子商务交易的顺利进行。如果网上支付不能进行，电子商务只停留在信息层面，就无法进入实质性的成交阶段。

网上支付之所以成为严重制约电子商务发展的“瓶颈”之一，是因为网上支付不仅仅要简单地解决资金的流转环节，还要使资金流转环节中交易参与方的利益得到有效保障。所以，如何从技术和管理等方面消除该“瓶颈”，提供安全的支付解决方案，是实现我国电子商务快速、健康发展的当务之急。

阿里巴巴旗下的支付宝就是为了解决目前国内网上交易过程中支付环节

的问题，而重点打造的第三方安全支付平台。

所谓第三方支付平台，就是一些和国内外各大银行签约，并具备一定实力和信誉保障的第三方独立机构提供的交易支持平台。在通过第三方支付平台的交易中，买方选购商品后，使用第三方支付平台提供的账户进行货款支付，由第三方通知卖家货款到达、进行发货；买方检验物品后，就可以通知付款给卖家，第三方再将款项转至卖家账户。

### 2. 支付宝和传统银行的区别

（1）第三方支付平台要保证网络上交易双方的资金和货物安全。卖家通过支付宝的虚拟账户收到钱以后才发货；买家在收到货而且确认无误的情况下，通过支付宝把钱划给卖家。而银行作为金融业务处理中的一环，只负责现金的流向。

（2）第三方支付平台整合了电子商务中的资金流（银行）、信息流（交易订单）和物流（物流公司），使三者有机地联系在一起，更好地完善了电子商务的诚信环境，而这些却是传统银行所做不到的。所以支付宝只是一个担保公司，和传统的银行有着本质的区别。

### 3. 第三方支付平台的发展

第三方支付平台在 2005 年的蓬勃发展极大地推动了“支付瓶颈”问题的解决，因此 2005 年也被业界称为“安全支付年”。《电子签名法》的正式生效和《电子支付指引》的颁布，规范了电子商务网上支付环境，一个在安全认证守护下的电子商务支付环境将逐渐形成，这样的支付环境无疑也是支付平台健康发展的最佳环境。2005 年，第三方支付平台也在支付安全技术及盈利模式方面进行了有意义的探索，在买卖双方之间扮演了完全中立的第三方的角色，从而使双方的合法权益均得到最大限度的维护，这使得第三方支付平台逐渐获得广大中小企业及个人用户的信赖，在电子商务网上支付中扮演起更加重要的角色。

# 14.4　订单记录的消除与恢复

会员在已经完成订单提交的时候，会有各种原因影响到订单的支付，此时便可以将自己需要取消的订单取消掉，单击的“取消订单”按钮，弹出的页面如图 14-28 所示，可以看到订单号和取消原因，单击下拉菜单，有以下关闭订单的理由：现在不想购买、商品价格较贵、价格波动、商品缺货、重复下单、订单商品选择有误、支付方式选择有误、收货信息填写有误、发票信息填写有误、无法支付订单等。会员应该如实选择关闭订单的理由，单击“确认取消”按钮，此订单即可取消。

图 14-28　订单取消图

会员取消订单后，可以在会员中心—我的交易—取消订单记录中查询，可以看到详细信息，如图 14-29 所示。订单有两种情况：一是买家下单后还未付款，卖家和买家沟通后，双方同意取消本次交易；二是买家下单且已经付款，买卖双方沟通后同意取消本次交易，须由买家在后台提交取消订单申请，卖家同意后订单关闭。操作流程如下：

（1）如果卖家同意，该笔订单会被系统关闭，货款会退回到买家账户；

（2）如果卖家不同意，买家可以继续提交取消订单申请，卖家也可以继续发货，但卖家发货后，买家不能再提交取消订单申请；

（3）买家提交取消订单申请后，如果卖家一直没有回应，发货期结束后，订单将因发货超时流程关闭，货款也会退回到买家账户。

取消订单的详细情况如图 14-30 所示。

图 14-29　取消订单

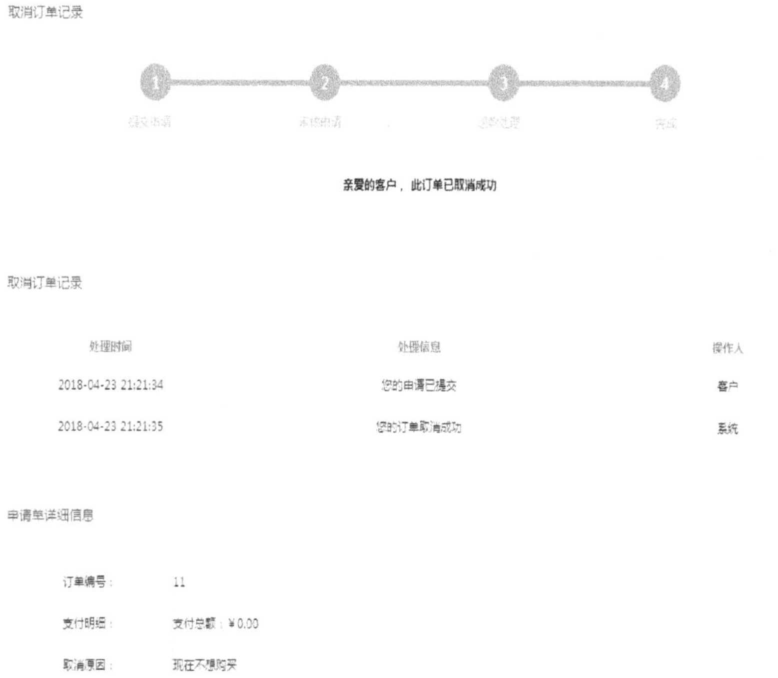


图 14-30　取消订单详情

会员如果想恢复已经取消的订单，可以在会员—我的订单中查询已经取消的订单记录，如图 14-31 所示。会员单击商品再重新加入订单即可。

图 14-31　取消订单记录

# 第 15 章

# 个人服务统计及服务保障机制

## 15.1 售后服务保障体系

### 15.1.1 售后服务保障体系概述

售后服务保障体系是否完善直接对电子商务的可持续发展产生重要影响。凡因商品质量问题并处于三包范围内的商品需退货的，不管生产者还是销售者，都应先行负责；凡因商品质量问题而造成顾客人身财产损害的，都应该先行负责，并协助追究有关方面的责任，然后由销售部门再向负有责任的生产者或其他销售者进行追偿。对于消费者来说，服务过程比服务结果更加重要，服务的每个环节都与消费者联系密切，倘若只看重结果，即货物最终能到达顾客手中，但是在货物到达之前的各个环节却服务不佳，比如货物配送时间长、货物破损率高、签收前不能验货等，都会降低消费者对服务的满意度。另外，退换货服务和员工服务态度也是不可忽视的重要方面，因此，服务过程比结果更重要。

随着网络技术与商业贸易的深入融合，电子商务自产生后得到快速发展，在制造业、零售业、服务业等较多领域都得到应用，成为新时代商业贸易的变革。然而，这种变革的完善和健全与售后服务密不可分。售后服务是否完善标志着商业贸易是否能够在市场上长存。因此，电子商务环境的售后服务更是其生存的命脉，只有完善的售后服务体系才能与传统的贸易模式相抗衡。在电子商务环境下，商业竞争已经从质量战、价格战转向为拼服务，售后服务质量成为电子商务的竞争又一核心。

### 15.1.2 售后服务存在的问题

电子商务的售后服务存在以下问题。

**1. 物流造成的售后问题**

电商的兴起成就了物流业的繁荣，要抓住这有利时机，做好配送服务，创造盈利的物流，其配送体系必须有一个强大的信息系统来支撑。在服务方面，也要加强产品包装避免破损率，因物流中产品破损造成的退换货产生的物流费用，即使不需要消费者承担，来回的时间过长，也会降低顾客对电商服务的满意度，特别是电商节日促销的“火爆”，也成了对物流的最大考验，更可看出各物流企业在应对销售旺季的及时调配还做得不够完善。物流成为电商成败之关键，物流的各项配套服务也需要更大的提升，来适应电商的发展。

**2. 产品质量造成的售后问题**

质量是企业生存之根本，产品质量做得不好，注定是走不长久的，价格不贵的商品，即使有些消费者因怕麻烦不再调换，也会影响再来商家购物，商家失去的不只是表面的这一个顾客，还有这一个顾客背后的更多资源。所以，产品质量的把关是非常重要的，可能因为质检的一点忽视，就给商家造成更多的损失，退换货的运费是次要的，品牌在顾客心中树立的形象才是商家更需要珍惜的。

**3. 服务人员的整体素质造成的售后问题**

对于企业一线人员的服务素质所能带来的价值，从这几年品牌入驻商超的导购人员就可以看出来，同等品质的两个品牌，有导购人员的会比没有的销售好几倍，而一个品牌，轮流值班的两个导购员，从一个月的报表里看，销售业绩能相差 10%～40%，这就可以看出导购人员的销售技巧、反应能力和主动销售意识等的强弱，所带来的成交率是相差很大的。电商也是一样，如果在线客服对产品不专业不熟悉，不能让顾客疑问及时得到解答，就很容易失去一个准客户；因为服务人员对产品不熟悉，造成客户买的产品不合适引起退换货的，或仓库发错货的，都会给顾客造成很多不便，后续的售后处理得当还能维护一些顾客，反之必会失去一部分顾客。

#### 4. 会员心理造成的售后问题

目前国人对网络交易已经比较认可，但普遍局限在小商品和家庭日用品，认为大额交易不安全。从心理学的角度上说，心理上的安全期望可以用视觉、听觉、嗅觉、触觉等方式表达。但是我们在网络中只能看到图片和简单的一串交易代码，很难消除这种对未知事物的怀疑态度，往往因为这种怀疑放弃本来很吸引自己甚至已经产生强烈购买欲的商品。而购买的商品出现问题后，填写反馈单，等待客服联系，客服与卖家联系，进行确认，前提还得是客服人员懂得如何分辨该产品好坏。商场退换货物的便捷操作，与电子商务售后保障体系的局限性和操作的复杂性形成了强烈的对比。同商场的及时便捷轻松的退换货制度对比，电子商务存在的另一个致命问题是效率过低。从填写反馈信息到最终确认，再到退货，到卖家重新发货，再次确认。这个过程无疑是漫长和令人难以忍受的。

### 15.1.3　售后服务的意义

电子商务环境下，商家售后服务体系的完善直接关系到市场竞争的成败，是商家利益可持续化的有效保障，是提升商家信用等级、建立良好商客关系的有力手段。因此，需要不断优化和完善售后服务是电子商务可持续发展的重要内容。

（1）提升商家信用度，为消费者解除后顾之忧。电子商务环境下，售后服务质量可直接转化为信用。高质量的售后服务，即良好的信用给消费者提供一个安全可靠的消费环境，为消费者解除后顾之忧，实现消费零风险。

（2）保障买卖双方及时进行沟通。电子商务的显著特点是开设购物咨询平台，用于买卖交流和售后问题处理。同时，通过平台了解商家信用及商品质量信息，从而更好地进行选择。

（3）对消费者权益进行保障。电子商务环境买家只能看到图片或视频，商品难免有色差、尺寸不合身、材质不符等问题，此时，只有通过售后服务来达成退换货，或对商品进行维修保养，给消费者心理补偿，最终形成双方满意协议，从而对消费者权益进行保障。

（4）提高消费者的忠诚度。完善的售后服务拥有良好的商客关系，是消费者二次消费或三次消费的基础。消费者一旦认定此商家，就会将消费的心情及时反馈回商家，从而不断完善售后服务，以更好地为消费者服务，从而不断提高消费者的忠诚度。

（5）为商家带来经济利益。完善的售后服务是一个延续的过程，能够对消费者进行消费及使用全程进行跟踪服务，积极采纳消费者的意见对产品进行升级，从而稳固消费群体，真正实现服务创收，服务战控制市场份额，促进商家经济目标的实现。

（6）从推销工作来看，售后服务本身也是一种促销手段。在追踪跟进阶段，推销人员要采取各种形式的配合步骤，通过售后服务来提高企业的信誉，扩大产品的市场占有率，提高推销工作的效率及效益。

## 15.2 商品的退换货与满意度

### 15.2.1 电商企业退货逆向物流发展现状

随着我国电子商务的蓬勃发展，电商企业需要处理的退货业务越来越多，而且其中存在的问题也逐渐凸显，成为电商企业进一步提升客户服务水平，增强企业竞争力的重大障碍。客户退货的原因不外乎以下几种：第一，冲动消费，特别是大促期间诱人的折扣，催生了众多消费者的冲动购物，而当收到商品与期望有差距时，很多客户都选择退换货；第二，由于图片展示不清晰，或者商家特意对图片的美化处理，致使实际商品与预想不符导致的退货；第三，商品质量问题导致退货。凡此退货情况，以及如此高的退货率，无疑是电商企业最容易丧失老客户的痛点。但是，目前绝大多数电商企业并没有积极有效地采取逆向物流管理措施，而是出现了消费者“退货难”三大问题：第一，不适用无理由退货的商品标注不明显，购物过程中缺乏一对一的确认程序；第二，退货的标准过于严苛，导致消费者退货处理周期长、效率低，纠纷不断；第三，部分网店经营者不履行无理由退货义务，第三方平台没尽到管理责任。可想而知，如此退货处理状况，给电商企业带来的无疑是客户满意度的大幅下降，竞争优势的明显降低。

对电商企业而言，虽然商品退货率是不愿谈及的敏感话题，但是面对不断飙升的逆向物流成本，以及残酷的市场竞争，许多商家也开始认识到了逆向物流对于企业的价值与重要性。但是实施逆向物流管理成本、难度高是不争的事实，主要表现在以下几方面。

### 1. 退换商品的物流时效很难保证

与正向物流相比，退换货的发生多数伴随着客户急切的心理需求，因此在物流时效性方面要求比正向物流更高。但是，事实上，商家的逆向物流时效性却很难保证。因为退换货产生的逆向物流需要经过两个环节，第一个环节是从客户手中把商品取回来，然后进行分类，合格品需重新包装、入库上架，不合格品需进行再处理或退回上游商家等物流业务操作；第二个环节则是通过分拣再次把商品送至客户手中，因此退换货等逆向物流过程是正向物流的 2～3 倍，时效性较差。

### 2. 退换货商品检测工作难度大，处理成本高

退换货过程中，最重要最困难的工作是商品检测，包括检测商品的损坏程度、质量问题来源、是否是原有商品等问题，目前企业很难借助物流设备

实现较高的自动化，而是全靠最原始的人力作业进行逐件检验，检验效率极低。之后，再将退回的商品进行重新整理、清洁、包装、贴标、分类存储等物流作业，处理成本较高。而且，退换货过程必然产生着货物退回和部分商品重新配送的物流成本，以及商品退换货流程中发生的残损成本等。

**3. 退货的不确定性与难以预测性导致成本骤增**

客户的退货需求不同于正向物流的主动需求，往往是例外事件，具有很强的不确定性，如退货时间、品种、数量均不确定；而且客户来自不同地区，逆向物流渠道很分散等情况，致使退货逆向物流很难计划和预测，也很难做到直接利用正向物流渠道进行资源整合，因此无形中增加了物流的成本。

退货逆向物流的发生，从表面上看增加了企业成本，但实际上，若能及时有效实施管理，却能成为企业技术创新的突破口和提升顾客忠诚度的极佳手段。一方面，产品的退回往往代表着消费者新的需求，孕育着新的商机，企业可以借机及时发现产品或服务中的不足，从而加以改进和进行技术创新。另一方面，有关研究表明，由于沟通渠道不畅和心理障碍，在通常状况下70%～95%的不满意顾客不会向企业投诉和反映，也因此成为企业的流失客户；相反，鼓励、培训顾客的退货需求，从而及时有效地处理退货问题，则能更有效地提升客户满意度与忠诚度。

### 15.2.2 商品的满意度

电子商务是在开放的网络环境下，实现消费者网上购物、商户之间网上交易、在线电子支付和现代物流配送的一种新型的、“无纸化”商务贸易方式。电子商务的交易过程是通过网上游览电子商情，网上选购，认证中心对顾客和企业进行认证，通过支付网关进行电子支付与结算，通过物流公司将产品送到最终顾客手中。从电子商务的交易流程可以看到，与传统交易相比，其优点是：缩短了交易环节，顾客可以同生产企业进行直接的“面对面”的交易，从而大大减少了交易成本，给顾客带来了实惠；突破了交易的地域和时空限制，给顾客的交易带来了极大的便利；缩短了交易时间，减少了顾客的时间成本；创造了“货比多家”的交易场景，给顾客提供了广泛的选择自由。然而，网络的虚拟性和超地域性，也给顾客带来了风险成本，如不能与实物接触带来的风险，不能按时送达带来的服务风险，购买不满意导致退换货带来的时间成本等。所以，在电子商务中如何提高顾客价值、减少顾客成本就成了提升顾客满意度的关键。

顾客满意是一种心理活动，指顾客通过对一个产品的可感知效果与期望值相比较后所形成的感觉状态。顾客满意度是用于评价顾客满意的一个量化指标。它是顾客的感知价值与顾客的期望价值之差。在电子商务中，顾客的感知价值不仅来源于产品的实物价值，更重要的是来源于产品的精神价值，因为在网络营销中，顾客不能依靠触、摸、闻等感观来感知产品的价值。因此，在电子商务交易中顾客满意的决定因素主要有：理念满意，包括经营宗旨满意、经营理念满意、价值观念满意和企业精神满意等；形象满意，包括企业的域名满意、企业网页画面设计和内容设计满意、企业标志满意等；行为满意，包括行为机制满意、行为规则满意、广告行为满意、网上礼仪满意等；产品满意，包括产品质量、价格、功能、设计、包装、品种、品位等满意；服务满意，包括服务的可靠性、及时性、准确性、安全性、连续性、完整性、情感性等。我们可以通过个性化产品定制，便利快捷的服务，明确的服务承诺，增加顾客价值，减少顾客成本，进而提高顾客的满意度。

提升顾客满意度有如下几种方法：

（1）用个性化定制提升产品价值。产品价值表现在功能、样式、可靠性等诸方面，在网络营销中，除了向顾客提供高质量的产品外，可以发挥网络优势，通过个性的定制服务从功能样式上做足文章。传统的大规模生产方式的结果，是产品品种单一、差异不明显。然而随着生活质量的提高和社会人本意识的不断强化，消费者要求产品能体现个性差异，对个性化的产品越来越青睐。大规模定制改变了产品概念：产品是用户参与设计的，最能符合客户要求。通过 Internet 用户可以同生产厂商讨论其实际需要什么样的产品，并且可通过生产厂商的专家意见，自己设计所需产品。用户参与产品的设计，使其获得参与感、成就感。同时，定制和网络的互动性，使企业与顾客的关系，服务、质量、营销三者能有机结合。在电子商务中，要实现大规模定制营销，重点是通过网络进行数据库建设。数据库要有以下特点：在数据库中每个现在或潜在的顾客都要作为一个单位的记录存储起来，只有了解每个个体的信息才能细分市场，并通过汇总数据发现市场总体特征。每个顾客记录不但要包含顾客一般的信息如姓名、地址、电话等，还要包含一定范围的市场营销信息，即顾客需求和需求特点。每个顾客记录还应包含顾客是否接触到针对特定市场开展的营销活动的信息，对公司营销沟通或销售活动的反应信息。大型数据库可以自动记录和处理顾客信息，并发现市场机会和威胁。为了方便产品的重新设计，要尽量实现产品的模块化和标准化。模块可分为两个部分：一部分是所有顾客共有的，另一部分是体现定制特征的。如在汽车、服装营销中用不同颜色、材料、装饰、配置来实现个性化定制。同时，将生产过程进行解剖，划分为相对独立的子过程，再进行重新组合，这样同样可以有效地满足规模定制的要求。例如，网络上接到订单后，马上组织采购，不必有大量库存原材料，可以有效节省库存成本。

（2）用服务提升满意度。在电子商务中，网络的最大优势是提供全面的产品信息。顾客访问网站的主要目的是对公司的产品和服务进行深入的了解，企业网站的价值就在于灵活地向用户展示产品说明及图片甚至多媒体信息，即使一个功能简单的网站至少也相当于一本可以随时更新的产品宣传资料。产品展示是信息发布的一种形式，但信息发布的含义显然要更广泛，网站是一个信息载体，在法律许可的范围内，可以发布一切有利于企业形象、顾客服务及促进销售的企业新闻、产品信息、促销信息、招标信息、合作信息和招聘信息等。在实际操作中，可通过建立网上的自动服务系统，依据客户的需要，自动、适时地通过网络提供优质服务；建立快捷、及时的信息发布系统，使企业的各种信息能及时地传递给消费者；建立信息的实时沟通系统，加强消费者在文化和情感上的沟通，并随时搜集、整理分析消费者的意见和建议。比如，可对汽车、服装、住宅等产品通过建立“虚拟展厅”，用立体逼真的图像辅以方案、声音等展示自己的产品，使消费者如身临其境一般，感受产品的存在，对产品的各个方面有较为全面的了解。同时企业应该在展厅中设立不同产品，并建立相应的导航系统，使消费者能快捷地寻找到自己所需要的产品。对于定制化产品，可通过建立虚拟组装室，专门开辟一些空间，使消费者能根据自己的需求，对同一产品或不同产品进行组合，从而更好地满足消费者的个性需求。

（3）用快捷的物流服务提升满意度。在网络营销中，如果仅提供产品选择的便利，这只是完成了购买过程的一半，关键是要有快捷的物流及时把产品送达消费者手中。由于网上时空的“零距离”特点与现实世界的反差，客户对产品的可得性心理预期加大，以致企业交货速度的压力变大。因此，物流系统中的港、站、库、配送中心、运输线路等设施的布局、结构和任务面临较大的调整。为满足顾客需要，在网络营销中，可以为顾客提供不同的送货方式和送货期限。如亚马逊为顾客提供了多种可供选择的送货方式和送货期限。在送货方式上有以陆运和海运为基本运输方式的“标准送货”，也有空运方式。送货期限上，亚马逊实行 24 小时全天候购物，即“找到订货商品+装运时间=所需的送货时间”，中间没有任何滞留。企业可根据送货方式、送货期限及商品品类的不同，选择不同的收费标准：有按固定费率收取的批次费，也有按件数收取的件数费，亦有按重量收取的费用。亚马逊的成功就在于不断降低送货服务的门槛。享受这项优惠的客户每年都在增多，这既有助于培养老客户的忠诚度，也有利于吸引新客户，从而使亚马逊的客户群扩大到了数千万人。

（4）用关系维护顾客满意。关系营销强调企业与顾客之间的互动，力求建立稳定的、兼顾双方利益的长期合作关系。它通过顾客服务、顾客参与、顾客组织化等具有较高透明度的手段来进行，其目的在于减少交易成本、提升顾客价值。电子商务中，交易方式的最大特征是“顾客主导”，即购买意愿完全掌握在顾客手中。互联网使企业促销成为被动行为，而顾客则变为主动方，他们通过交互媒体来查询信息。因此，企业营销首先就应考虑如何吸引新顾客上线，以及如何通过为顾客提供有价值诱因的商品信息和服务来建立与顾客之间的关系，长期留住顾客。网上进行的订货和购物都充满着不确定性。如何保证购买到的商品是货真价实的？这家企业的信誉如何？换货、维修等一系列售后问题能否得到妥善解决？这些都是顾客必然会考虑的问题。因此，与传统商务一样，良好的信誉对网上企业至关重要。企业可以通过提供免费送货、无条件换货、降低价格等方式，在顾客心目中建立良好的印象，进而促进顾客连续购买，同顾客建立起一个长期依存的关系。

### 15.2.3 商品的退换货现状及流程

电商退货是在商品交易意向达成并交付消费者之后，消费者将商品退还给电商企业的活动。区别于企业与供应商 B2B 的退货，电商退货主体以消费者个人为主，退货的商品也多为单件包裹。同时，电商退货具有退货时间、品种、数量均不确定，返仓包裹多次流转的特点，这无疑给电商企业带来更高的货损比例和更有挑战的物流作业需求。货物回退和部分商品重新配送的物流成本、商品退换货流程中发生的残损成本等均吞噬着电商目前并不丰厚的利润。电商销售订单的爆发式增长也带来了大量的退货订单。有时单凭我们的直觉，往往会忽略这个庞大的退换货体系，所以说其实电商的逆向物流是隐藏的一个大市场。目前，影响我们退换货的因素主要有以下几个方面：去代理点退换货排队写单子太麻烦；物品价值不大，感觉来回退换不值得；物品存在瑕疵，但可以使用；有时候发错了型号或者颜色不影响使用从而放弃退换。归根结底人们还是嫌退换耽误时间，我们可以找出主要的关键点来加以优化从而提高效率。

退换货的流程如下：

（1）买家在店铺内购买宝贝，在已买到的宝贝页面里申请退款。

（2）商家在已卖出的宝贝页面里看到宝贝显示为退款状态。

（3）商家查看并同意。

（4）买家发货给货源商提供的退货地址，并在已买到的宝贝的退款详情里输入退货快递单号。

（5）货源商收到退货，检查是否有损坏，并同意买家的退款或退换申请。

（6）商家在卖出宝贝的退款详情页面同意退款。

（7）退款结束。

在此一带一路特产网站中，退换货记录在会员中心—我的服务—退换货记录中，会员在此模块可以查询所有的退换的商品种类、数量、订单编号及相关的物流信息，如图 15-1 所示。会员可以单击“查看详情”，查看具体的信息，如图 15-2 和图 15-3 所示。

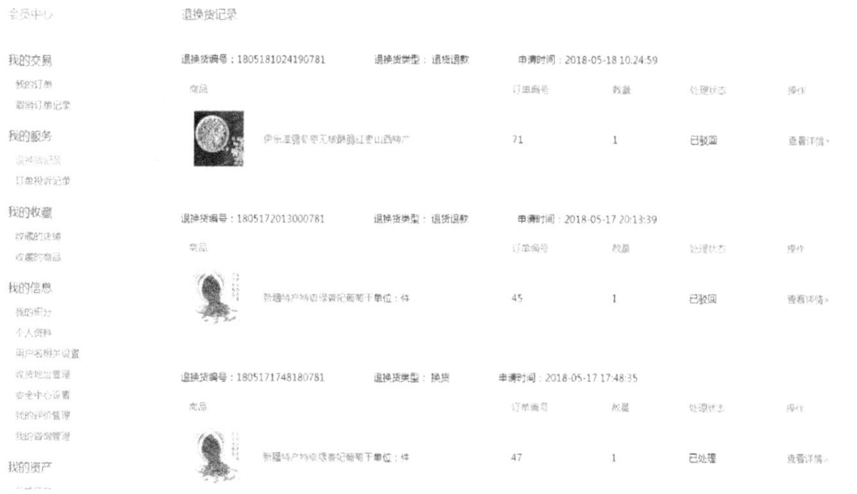


图 15-1　退换货记录

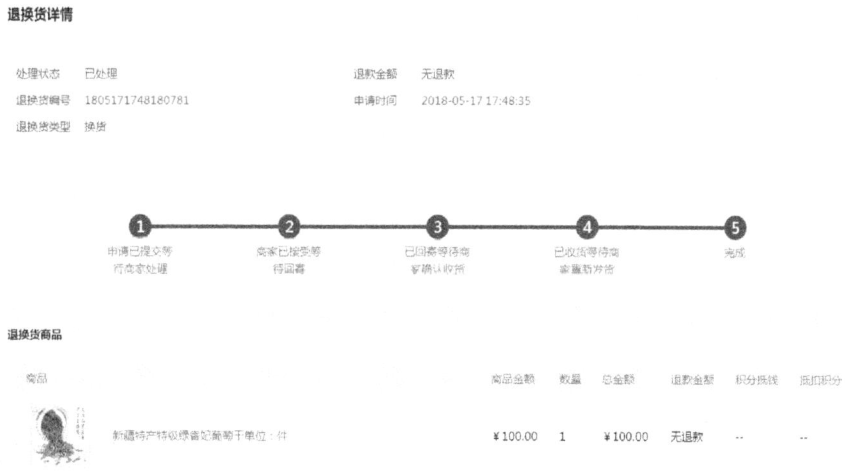


图 15-2　退换货详情

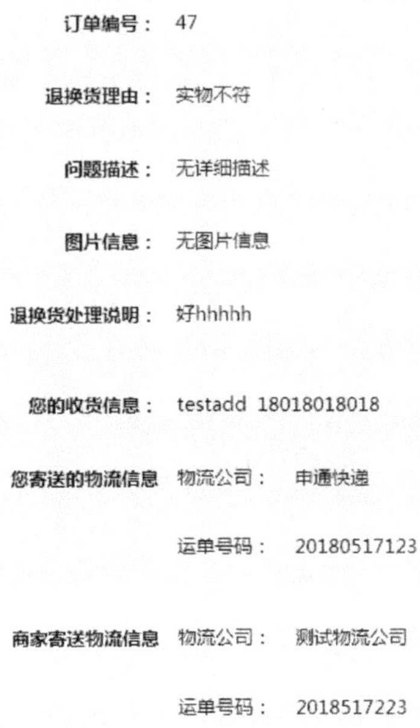


图 15-3 退换货详情

# 15.3 商品投诉与维权中心

## 15.3.1 国家的投诉部门及相关职责

在中国，受理产品质量问题的部门有工商行政管理部门、质量技术监督部门、消费者协会、企业主管部门、商检部门和人民法院。国务院在产品质量监督检查方面，对国家工商行政管理局和国家质量技术监督局明确分工如下：

（1）在生产、流通领域中，凡属产品质量责任问题，均由国家质量技术监督局及其所属各级质量技术监督机构负责查处；需要工商行政管理机关协助的，工商行政管理机关予以配合。

（2）在市场管理和商标管理中发现生产、经销掺假产品、冒牌产品的违法行为，由工商行政管理机构查处，质量技术监督部门予以配合。

（3）在市场上倒卖、骗卖劣质商品的行为，凡属工商行政管理机关发现的，由工商行政管理机关予以查处；需要质量技术监督部门协助的，质量技术监督部门予以协助。凡是质量技术监督部门发现的，由质量技术监督部门予以查处；需要工商行政管理机关协助的，工商行政管理机关予以协助。同一问题，不得重复处理。消费者协会是保护消费者利益的社团组织，涉及的面比较广，并挂靠工商行政管理部门，解决问题相应比较容易，所以消费者在购买商品发现问题后，可以找消费者协会。

## 15.3.2　电子商务维权平台简介

电子商务研究中心法律权益部成立于 2010 年，专注于电商的消费权益维护，兼顾法律（推动立法、电商法规、法律案例分析、法律援助）、媒体、电商信用、电商质检、安全、认证服务、电商物流。该部门实时跟踪把握电商法律动态，研究并运营“电子商务纠纷调解平台”电商“315 曝光台”“中国电子商务法律求助服务平台”“电商法规库”等业内知名平台。

其下属“电子商务消费纠纷调解平台”（原“中国电子商务投诉与维权公共服务平台”）运行八年来，与全国数百家电商建立对接，致力于为广大电商用户解决网络消费纠纷，帮助广大电商提升用户购物体验与售后服务，是全国电商用户信赖的第三方维权服务平台，位居各大搜索引擎关键字排名第一位。根据平台受理的客户投诉“大数据”和真实案例，每半年公开发布客观用户体验报告和相关榜单，成为用户网络消费选择“风向标”，被全国广大用户、企业、媒体、政府所认可和引用。

中国电子商务法律求助服务平台，集结数十位在电商、互联网领域的一线知名律师，以“互联网+法律”的模式服务于零售电商、生活服务电商、跨境电商、消费金融、服务电商、物流快递等领域。同时关注行业内售假、信息泄露、刷单、网络安全、不正当竞争、知识产权、新型模式陷阱等现象，为企业提供法律咨询、诉讼代理服务。

此外，仅全国工商系统，电子商务研究中心有关专家就为其提供数十次的电商培训，以开放平台形式服务于互联网企业与用户。

该部门每半年发布权威《中国电子商务用户体验与投诉监测报告》，每年发布《中国电子商务互联网+法律报告》，是国家工商总局牵头、国务院发布的《网络商品及服务交易监督管理条例》立法起草副组长单位，是《全国网络交易平台用户合规审查报告》《2016 全国电子商务交易平台信用体系建设研究课题》执行单位，还是中国诚信团购联盟发起单位。其主要职能包括：运营电商维权和电商法律两大平台，受理消费投诉纠纷；每半年发布数十篇热点快评，发布预警，引导网络消费；每年策划报道数十个热点曝光专题，监督电商企业等。

在一带一路特产网中，会员的投诉记录在会员—我的服务—我的投诉记录中可以查询到，如图 15-4 所示。

图 15-4　投诉记录

# 第 16 章

# 个人收藏记录与口碑传播效应

## 16.1 店铺动态评分及店铺收藏

店铺动态评分是会员在网站交易成功后，仅限使用买家身份的会员对本次交易的使用卖家身份的网站会员进行如下四项评分：宝贝与描述相符、卖家的服务态度、卖家发货的速度、物流公司的服务。每项店铺评分取连续六个月内所有买家给予评分的算术平均值。会员可以通过浏览店铺的动态评分而判断一个店铺的欢迎程度。

收藏数是一个店铺热度的衡量标准，可以影响一个人购买商品的欲望。在同类店铺中，收藏数高的店铺往往曝光量比其他店铺要高许多，在同类商品中，收藏数高的商品往往比收藏数低的商品卖得更火热，能大幅增加销售量，因此会员的收藏对商品的销量起着重要的作用。如果是买家收藏，可以帮助其很快地找到这家店，查看其店中的一些宝贝，看到同类产品可以进行比对。如果是卖家，店铺被收藏多，可以提高其知名度，进而提高销售量和利润。宝贝被收藏多了，人气值就会提高，会被排到靠前的有利位置。下面介绍如何收藏店铺。

会员在浏览网页的过程中，如果发现心仪的产品，可以单击进入，如图 16-1 所示。单击右边的“收藏店铺”，如图 16-2 所示。

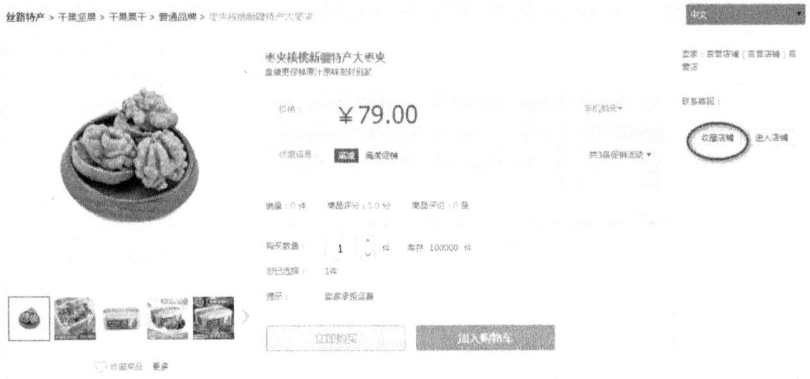


图 16-1　商品详情

图 16-2　商品详情

此时会员可以在会员—我的收藏—收藏的店铺中看见所收藏的店铺，如图 16-3 所示。

图 16-3　店铺收藏

如果不想关注店铺，可以单击右上角的批量管理，在店铺图标上勾选，再单击“删除”即可。如图 16-4 所示。

图 16-4　店铺删除详情

## 16.2　商品描述一致性及商品收藏

会员在看见自己喜爱的商品时，可以通过以下步骤进行收藏。打开商品链接，单击左下角的“收藏商品”，便可以收藏商品，如图 16-5 所示。会员也可以通过“更多”选项将此商品链接分享给朋友或者各大网络平台，如图 16-6 所示。

图 16-5　店铺收藏

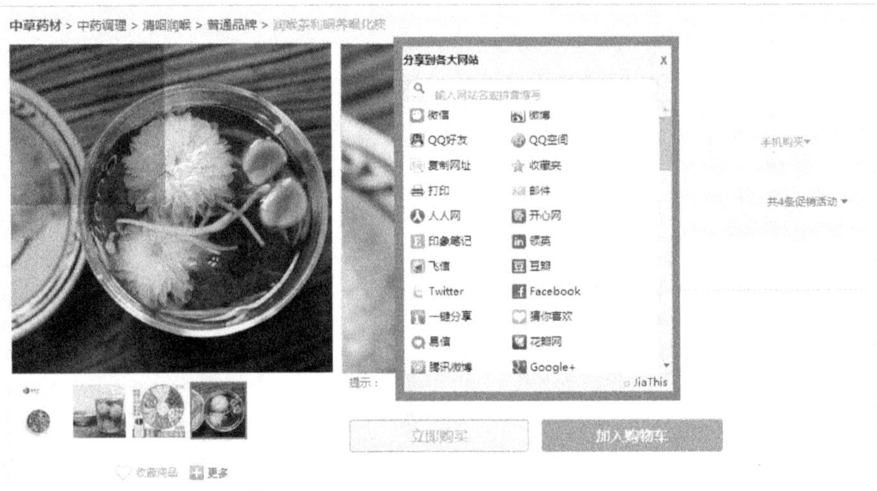


图 16-6　店铺分享详情

会员收藏商品后，可以在会员—我的收藏—收藏的商品中看到，如图 16-7 所示。会员也可以通过批量管理来决定是否删除某些商品。

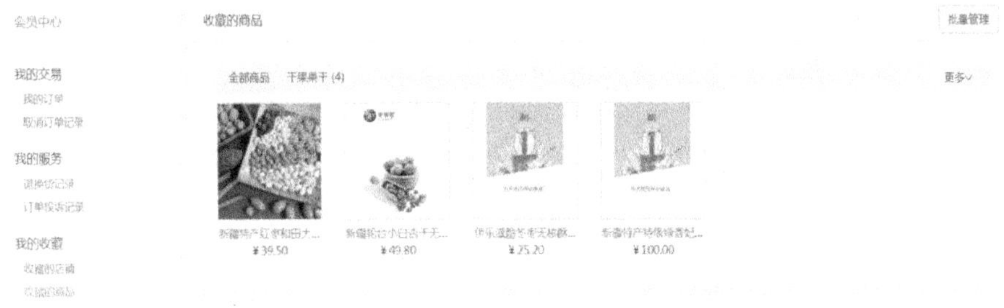


图 16-7　商品收藏详情

## 16.3　店铺良好形象的维护

一个好的网店形象离不开网店客服，在网店的推广、产品的销售及售后的客户维护方面均起着极其重要的作用，不可忽视。

### 1. 塑造店铺形象

对于一个网上店铺而言，客户看到的都是一张张图片，既看不到商家本人，也看不到产品本身，无法了解各种实际情况，因此往往会产生距离感和怀疑感。这个时候，客服就显得尤为重要了。客户通过与客服在网上的交流，可以逐步了解商家的服务和态度等，客服的一个笑脸（旺旺表情符号）或者一个亲切的问候，都能让客户真实地感觉到他不是在跟冷冰冰的计算机和网络打交道，而是跟一个善解人意的人在沟通，这样会帮助客户放弃开始的戒备，从而在客户心目中逐步树立起店铺的良好形象。

### 2. 提高成交率

现在很多客户都会在购买之前针对不太清楚的内容询问商家，或者询问优惠措施等。客服在线能够随时回复客户的疑问，可以让客户及时了解需要的内容，从而立即达成交易。

有的时候，客户不一定对产品本身有什么疑问，仅仅是想确认一下商品是否与事实相符，这个时候一个在线的客服就可以打消客户的很多顾虑，促成交易。

同时，对于一个犹豫不决的客户，一个有着专业知识和良好销售技巧的客服，可以帮助买家选择合适的商品，促成客户的购买行为，从而提高成交率。

有时候客户拍下商品，但并不一定是着急要的，这个时候在线客服可以及时跟进，通过向买家询问汇款方式等督促买家及时付款。

### 3. 提高网店信誉

当买家在客服的良好服务下，完成了一次良好的交易后，买家不仅了解了卖家的服务态度，也对卖家的商品、物流等有了切身的体会。买家会向身边的朋友宣传你的店铺。受推荐的客户若看到网店信誉度很高，自然会毫不犹豫地把自己喜欢的商品拍下来。当所有买家需要再次购买同样商品的时候，就会倾向于选择他所熟悉和了解的卖家，从而提高了客户再次购买的概率，也同样提高了网店的信誉。

### 4. 更好地服务客户

网店客服和客户的网上交流，仅仅是服务客户的第一步。一个有着专业知识和良好沟通技巧的客服，可以给客户提供更多的购物建议，更完善地解答客户的疑问，更快速地对买家售后问题给予反馈，从而更好地服务于客户。只有更好地服务于客户，才能获得更多的机会。

## 16.4 商品的口碑传播管理

随着网络技术的发展和网络的逐渐普及，网络口碑正在逐步取代传统口碑，人们越来越喜欢通过网络交流来收集产品信息以便做出消费决策。与传统口碑相比，网络口碑具有波及范围广、传播速度快、超越时空、信息储量大、沟通成本低、传播匿名等特点，对消费者购买决策发挥着越来越重要的影响，关系到企业在市场竞争中的成败。所以，做好网络口碑是提升商品口碑的重要途径。

### 16.4.1 网络口碑传播动机

作为存在于虚拟空间之中的口碑活动，网络口碑是指消费者通过网络论坛、电子邮件、新闻组、网络游戏系统、聊天工具、搜索引擎等将自己对产品、服务或企业的正面或负面经验信息传播给其他消费者的行为，也称作电子口碑或在线口碑（Online Word of Mouth）。网络口碑的要素包括：主动在网上发表评论或者转载他人评论的发送者，发送者在网上发布的文字、声音、视频等数字化文档的信息，主动搜寻或被动获取口碑信息的接收者。网络口碑具有强大的影响力，消费者为什么要传递口碑或者接收口碑？这就需要对口碑传播动机进行研究。对网络口碑的发送者而言，可以从内外部因素来研究。从消费者自身的内在因素来看，Dichter（1966）提出了参与正向口碑沟通的四个动机：产品涉入、自我涉入、利他行为及信息涉入。此后，Sundaram等（1998）对口碑动机进行了总结，认为正向口碑的动机包括利他主义、产品涉入、自我涉入和帮助企业，负向口碑动机包括利他主义、减少焦虑、报复和搜寻忠告。Hemmig（2004）在口碑动机研究基础上，利用网站论坛探讨消费者产生网络口碑的动机，认为消费者发送口碑能给自己带来效用，包括信息平台的协助、释放负面的情绪、关心其他消费者、社会利益、经济性激励、帮助公司和寻求建议。他还进一步指出，社会利益动机对消费者访问网站和发表评论的影响最大。从外部因素来看，消费者传递口碑的影响因素主要包括顾客满意、顾客承诺、实质诱因、惊奇事件等。Bitner（1990）认为，顾客满意度是口碑传播意愿的一个重要的前提变量，当消费者获得高质量的商品或服务后会产生满意感，进而传播正面的口碑，相反则会传播负面的口碑。Anderson（1998）研究指出，满意度和口碑传播呈 U 形关系，即在高度满意和高度不满意时口碑传播意愿最高，满意度一般的顾客口碑传播意愿较低。而 Wirtz（2002）认为，让顾客产生正向口碑仅仅通过令顾客满意是不够的，还需要外在的实际物质刺激，并且通过实验证明外部激励措施能显著影响消费者的口碑行为，奖励越高消费者则会产生越多的正向口碑。对网络口碑的接收者而言，他们并不是只会被动接收口碑信息的群体，而是会主动去搜寻消费信息，并且会多少受到他人口碑信息的影响。一般说来，消费者在做出购物决策之前若缺乏相应经验和知识，就会通过外部搜寻获取信息，其最基本动机就是希望通过口碑信息来减少决策时间、降低决策风险、获得满意的决策结果。Goldsmith（2006）研究了消费者网上搜寻信息的动机，他将搜寻的动机归纳为 8 种，分别是减少风险、模仿他人、寻找低价格、偶然行为、比较酷、受到其他离线信息的刺激、获得购物的信息及比较容易接触信息。还有学者通过实证研究发现，消费者进行网络口碑沟通的动机有 3 类：一是进行信息搜寻，通过网络口碑来支持其大大小小的购物决策；二是寻求对自己已经做出的决策的支持；三是仅仅为了寻找乐趣。

## 16.4.2　网络口碑传播途径

### 1. 博客（Blog）

博客起源于 20 世纪 90 年代末期的美国，字面意思指网络日志，实际上就是以网络作为载体，可以简易迅捷地发布自己的心得，及时有效地与他人进行交流，再集丰富多彩的个性化展示于一体的综合性平台。随着现代网络技术的发展和应用，博客不但成为高度彰显自我的互动平台，而且被广泛应用于商业领域。由于博客的共享性、交互性满足了口碑营销对于信息传播互动性的要求，博客的专业性、聚合性的特点又使口碑营销中的参考团体、意见领袖这两种形成方式合二为一，再加上博客的即时性可以提高口碑传播的有效性，如今博客已经成为网络口碑的一种非常重要的传播途径。

### 2. 专业网站

各个行业随着互联网的发展与普及，基本上都建立了相关的专业网站，为消费者提供本行业的行业动态和技术信息，特别是提供对本行业产品的相关技术分析和测评。作为专业性权威的意见领袖，专业网站特别是其做出的有关测评分析必定会影响到消费者的决策行为，甚至成为消费者权威的购买根据和重要参考。而消费者在购买产品之前，越来越倾向于在互联网上搜寻该产品的相关信息，求助于专业网站的频次也就增多。于是，专业网站在网络口碑中逐步成为意见领袖。

### 3. 网络论坛（Bulletin Board System，BBS）

网络论坛原意为“电子公告板”。作为一种信息发布平台，特别是当传统媒体不能满足人们对信息需求的时候，网络论坛就成为人们网络交流、获取信息的重要途径。即使在网络媒体上，人们尽管获取信息渠道多元化，也不仅限于从网络新闻获取信息，也会听取来自网上的多种声音。网络论坛由于具有集体讨论的功能，在一些有关消费的话题上，通过多方发言讨论、经验交流，往往对浏览者的消费决策起着很重要的参考作用。

### 4. 搜索引擎（Search Engine）

搜索引擎是指根据一定的策略、运用特定的计算机程序搜集互联网上的信息，将信息进行组织和处理后，显示给用户，为用户提供检索服务的系统。由于搜索引擎具有网页抓取程序，经过做大量的预处理工作之后，建立索引文件数据库，可以提供信息检索服务。用户只需输入关键词进行检索，搜索引擎从索引数据库中找到匹配该关键词的网页，让用户快速准确地找到目标信息。因此，搜索引擎在商业推广活动中的应用越来越广。从网络口碑的传递来看，搜索引擎的发展为网络口碑传递范围的扩大发挥着越来越大的作用，影响的群体越来越多。特别要指出的是，在网络口碑的传递过程中会渐渐形成参考团体和意见领袖。参考团体指的是能够代表人们某种模糊价值观的模仿对象，是影响消费者行为的重要部分，这种方式基本上是通过网络论坛来实现的。除了参考团体会对消费行为产生示范作用外，最重要的一个渠道就是意见领袖，在互联网上的体现就是专业网站，是口碑传播诸多环节中最关键的一环。

### 16.4.3　网络口碑传播效应

一般认为，网络口碑传播效应是指消费者在网络上的口碑传播所产生的影响、反应和效果。

网络口碑传播具影响力的原因来自以下四方面：第一，相较于企业所提供的正式商业来源（如广告），网络口碑的可信度更高，原因在于大多数网络口碑传播是在匿名的情境下的沟通行为，并非来自商业用途；第二，网络口碑是双向互动实时沟通行为，而非单向传播；第三，网络口碑为潜在顾客提供了一种使用经验的参考来源，特别是在服务的购买情境中，具有降低购买风险与不确定性的功能；第四，网络口碑不仅会在短期内影响消费者的产品判断，同时也具有长期效果，因为广告等只能增加产品的知晓程度，在品牌转换或是态度改变甚至是忠诚顾客的塑造方面，网络口碑的关键性角色比其他营销工具更具影响力。网络口碑传播效应可以分为往往能够带来积极正面作用效果的正效应和产生消极负面作用效果的负效应。网络口碑正效应可影响任何采购决策，而网络口碑传播为负效应时，口碑将对产品或者服务的提供者造成严重伤害。因此，网络口碑可以是“双刃剑”，正效应会建立良好的形象并带来成功，负效应则会毁坏形象进而伤害企业。网络口碑是随着互联网的发展而逐步兴起和发展的，尽管目前有关研究发展比较迅速，但总体而言还处于初级阶段，理论构建还不够完善，许多方面还存在较大争议和空白，需要研究者不断构建理论框架，完善理论，以便能更好地指导实践。

# 第 17 章

# 信息完善与管理机制

## 17.1 基本资料信息的维护

会员在此模块可以填写自己的个人相关记录，包括昵称、性别、生日、姓名、所在地及详细地址，可在会员—我的信息—个人资料中查询到，如图 17-1 所示。

图 17-1　个人资料图

会员也可以在右上角的功能模块绑定手机及邮箱，步骤如下：单击立即验证，弹出以下对话框，会员填写登录密码，单击“下一步”按钮，输入手机号码及验证码，单击“完成”按钮即可，如图 17-2 和图 17-3 所示。

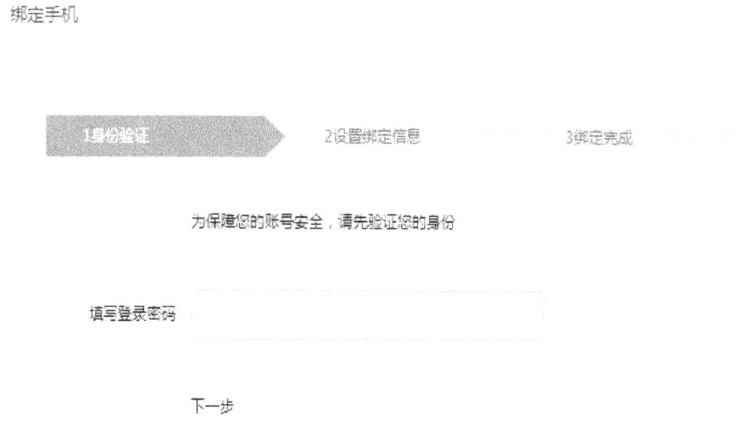


图 17-2　手机验证（1）

图 17-3　手机验证（2）

邮箱绑定的方法类似于手机的绑定，如图 17-4 和图 17-5 所示。

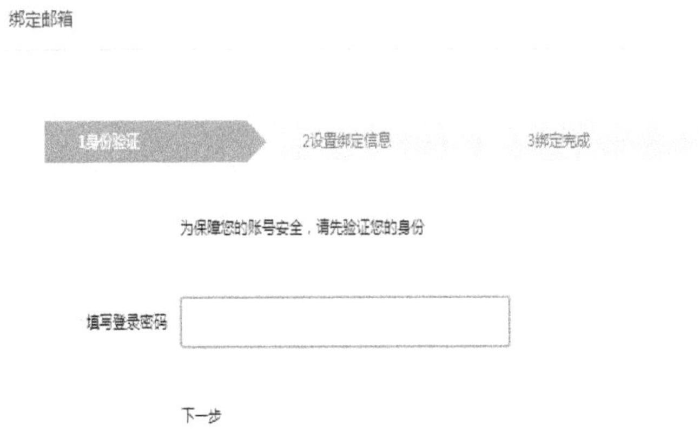


图 17-4　邮箱验证（1）

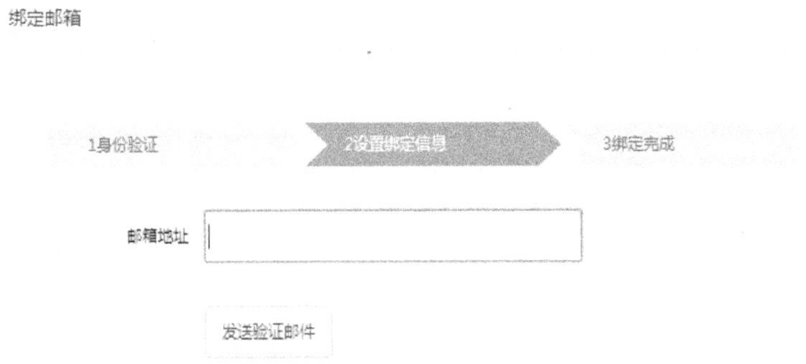


图 17-5　邮箱验证（2）

## 17.2　邮寄信息与配送地址

会员可在此模块填写收货地址，包括所在地区、街道地址、邮政编码、收货人姓名、收货人手机号等。会员填好之后可以决定是否将其设置成默认地址。可在会员—我的信息—收货地址管理中查到，相关信息如图 17-6 所示。

图 17-6　收货地址管理

若会员已经保存了相关地址，通过此模块也可以查询到相关地址，如图 17-7 所示。会员可以编辑并删除地址，一个用户最多可以创建 20 个收货地址。

图 17-7　已创建的收货地址

## 17.3 隐私安全保障机制

安全技术在电子商务系统中的作用非常重要，它守护着商家和客户的重要机密，维护着电子商务系统的信誉和财产，同时为服务方和被服务方提供极大的方便，因此，只有采取了必要和恰当的技术手段才能充分提高电子商务系统的可用性和可推广性。电子商务系统中使用的安全技术包括网络安全技术、加密技术、数字签名、密钥管理技术、认证技术、防火墙技术及相关的一些安全协议标准等。因此，这个模块主要是对用户的信息进行安全保护，包括登录密码、支付密码、手机绑定和邮箱绑定。

会员也可以重新修改密码，可在会员—我的信息—安全中心设置中找到，如图 17-8 所示。单击“修改密码”，弹出如图 17-9 所示页面。会员可以将旧密码及相关的新密码输入，单击“确定”按钮即可。

图 17-8　密码修改图

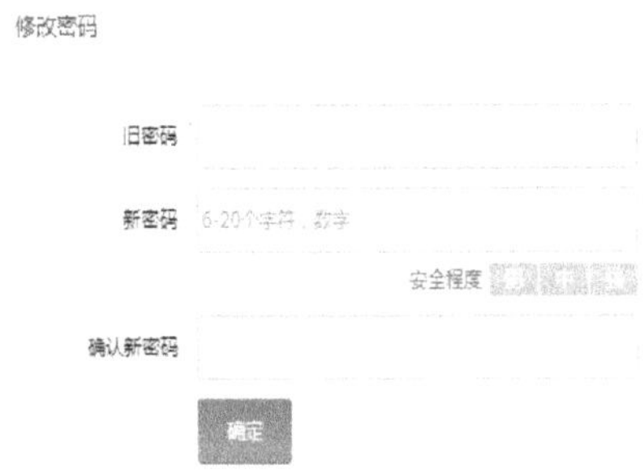


图 17-9　密码确认

会员也可以设置支付密码，这样便可以提高网上支付的安全性，在会员—我的信息—安全中心设置中，设置方法如图 17-10 所示，单击“设置密码”，弹出图 17-11 所示的页面，输入登录密码，单击“确定”按钮，弹出图 17-12 所示的页面，输入新密码，单击“确定”按钮即可。

图 17-10　支付密码图

图 17-11　输入登录密码

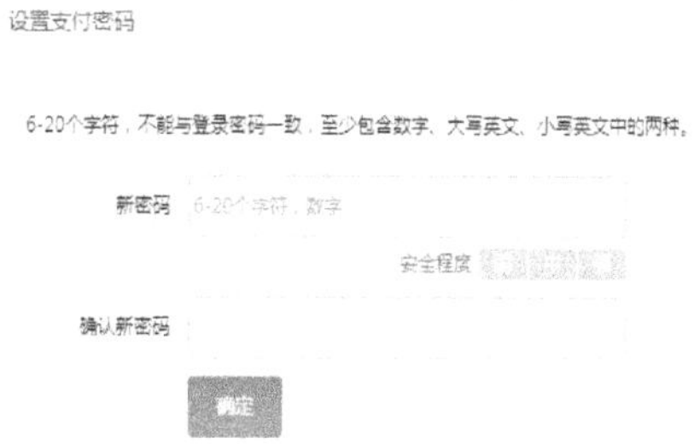


图 17-12　密码设置

会员也可以进行手机和邮箱的绑定，步骤可以参考 17.1 节。

# 17.4　品牌信任与产品评论

## 17.4.1　品牌信任的内涵

品牌信任是企业实施品牌战略、建立忠诚客户关系的基础。可靠度和对消费者的承诺是其主要内涵，商品内在质量、外在形象及企业价值观、顾客认同感是影响品牌信任的主要因素。强化质量意识、实施精品工程、提升服务理念和提高品牌使用的精神感受等方面是提高品牌信任度的基本措施。

品牌信任应包含两层含义。一是品牌可靠度。品牌信任体现着一种可靠性，这是指一个品牌应有足够的实力去影响消费者的需求。品牌实力主要是通过品牌竞争力、品牌声誉等体现的。一个品牌要拥有自己的市场地位，成为消费者心目中的强势品牌，必须在同行业中有自己的竞争优势。二是品牌承诺。品牌信任实质上也是商家对消费者的承诺，从品牌的外在形象到内在质量都应表现出对消费者负责的态度。若企业片面认为顾客好糊弄，借此破坏对消费者的一贯承诺（如虚假的品质宣传、夸大其词的广告、缺乏诚意的服务等）就会使消费者利益受损，由此带来的后果就是品牌声誉的下降和品牌偏好的转移。因此，品牌作为一种承诺，应建立在企业不会采取投机行为而故意占消费者便宜的心理上。

### 17.4.2 品牌信任的影响因素

#### 1. 品牌质量

品牌信任所强调的是一种可靠性，以达到消费者“买了称心，用着放心”的心理效果。要做到这一点，就必须以过硬的品牌质量为支撑。质量是企业和产品的生命，更是品牌的基础和依托。品牌质量对品牌信任的影响主要是通过品牌商品内在品质、性价比及服务质量三个方面体现的。其中内在品质在构建消费者信任方面贡献最大，但是因为消费者不能直观地对品牌商品内在品质（如食品营养成分、电器内部构造及功能等）做出正确的判断，所以获奖情况、权威专家的推荐及商品返修率的高低等外在因素就成为消费者评判产品质量的依据。另外，产品能否做到质优价适、服务及时周到也是影响消费者品牌信任的重要因素。

#### 2. 品牌形象

品牌形象是以消费者为主体的公众对品牌存在形态的反映，是公众对品牌的内涵及特征做出的概括和评价。一般来说，好的品牌形象可以发挥增强认知、亲和公众、惠顾购买和激励员工的心理功能。为此，企业应当加大品牌形象培育的力度，以形成良好的口碑效应。要做到这一点，企业可以在经营实力、品牌外观设计、渠道关系和品牌宣传等方面做出努力。首先，应考虑通过扩大产品销售范围、提高市场占有率、提升企业的产品创新能力等构建自己的市场形象，形成“唯我独尊”“舍我其谁”的有利竞争态势。其次，应考虑加大品牌商品外观设计的力度，以鲜明的个性化包装给消费者留下深刻的视觉形象。再次，加强渠道关系建设。主要是处理好企业与渠道成员之间的权责关系。任何一种品牌商品，都是借助于一定的经销渠道对外分销的。渠道是否畅通，直接关系到品牌商品的销售效率。为此，在渠道政策的制定与执行上，一定要分清企业与渠道成员(供应商、代理商、批发商、零售商等)之间的权利与责任；若出现产品问题，对消费者决不能推诿扯皮，应竭尽全力共同维护品牌商品在客户中的良好形象。最后，还要通过多种传播方式(如广告、新闻报道等)全方位地宣传品牌商品，以扩大商品的社会影响力，创设一个接纳品牌商品的良好舆论氛围。

### 3. 企业价值观

品牌信任实质上是一种承诺，而要真正履行承诺，重要的一点就是要让消费者知道，企业的核心价值观是“唯利是图”还是“服务至上”。这一点对树立消费者的品牌信心至关重要。

### 4. 品牌认同感

品牌要得到消费者的信任，还要考虑品牌能否被消费者从心理上接纳与认可。为此，在品牌的策划、设计及宣传过程中，还要从目标顾客所处的社会文化背景出发，考虑品牌和消费者心理的融合程度。

## 17.4.3 建立消费者品牌信任的对策

（1）提高品牌商品的内在质量。品牌信任是一个多维度、多层次的概念，其中品牌质量又是构成品牌信任维度的主要部分。质量是品牌得以延续与发展的根本保证，离开质量谈品牌，品牌也就只是企业设计出来的一个图案或符号，终究会被市场所埋没，被消费者所抛弃。

（2）树立良好的品牌形象。品牌信任度的提高既要考虑品牌质量的维护，又要借助于品牌形象的塑造，只有实施精品工程、内外兼修才能形成强势品牌。品牌形象的塑造对企业来说又是一项艰巨的工程，它需要企业在扎实细致工作的基础上“精耕细作”、不断开拓创新才能达到。

（3）树立顾客至上的服务理念。良好的品牌信任要求企业必须以市场为导向，形成顾客至上的服务理念。如果能够感受到企业在时时刻刻关爱自己，以自己的利益为出发点在做事，顾客就会充分信赖企业，品牌的信任自然也会提高了。

### 17.4.4 电子商务信任研究

随着电子商务的发展，越来越多的人开始通过网络进行购物，伴随着这种全新的购物模式的就是消费者对电子商务信任这一问题的关注。在电子商务领域，信任研究主要基于消费者的角度，所提出的定义综合了心理学、管理学、营销学和经济学等多学科的观点。社会学中信任强调制度、结构；心理学中信任强调人性；管理学中信任强调身份；经济学中信任强调经济人理性的选择。电子商务信任在关注制度、人性、身份、理性的同时，技术的参与使得信任产生的结果更加不确定。电子商务信任的概念可以界定为在有风险的网络商务环境中，信任主体为实现自己的期望而理性地选择信任客体的真诚、善意和履行协议的能力，承担因此有可能所带来的不利后果。总体而言，电子商务信任问题涵盖以下方面：对于网站的不信任、对于卖家的不信任、对于产品的不信任及对于交易过程的不信任。因此，会员对产品是否好评与对产品的信任关系密切。

在一带一路特产网中，会员在收到商品后可以进行评论，如图 17-13 所示。单击“去评价”，出现如图 17-14 所示页面。会员所有的评论都可以在会员—

我的信息—我的评价管理中看到，如图 17-15 所示。会员也可以追加评论，如图 17-16 所示。

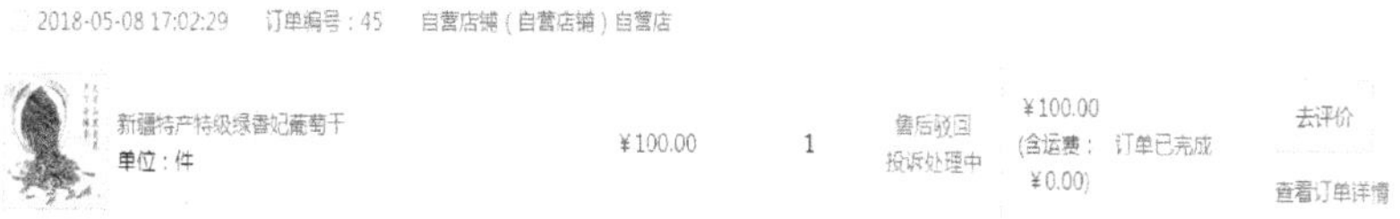


图 17-13　商品评价

图 17-14　商品评价详情

图 17-15　商品评价管理

图 17-16　商品追加评论

# 17.5　双向互动交流

## 17.5.1　电商客服的概念及分类

电商客服是指在开设网店这种新型商业活动中，充分利用各种通信工具并以网上及时通信工具（如阿里旺旺）为主的，为客户提供相关服务的人员。这种服务形式对网络有较高的依赖性，所提供的服务一般包括客户答疑、促成订单、店铺推广、完成销售、售后服务等几个大的方面。一般的小规模的网店，往往一人身兼数职，对客服并没有进行细分，但有些较有规模的网店则往往实行较细的分工，网店客服的分工达到相当细致的程度：有通过阿里旺旺、电话，解答买家问题的客服；有专门的导购客服，帮助买家更好地挑选商品；有专门的投诉客服，处理客户投诉；有专门的推广客服，负责网店的营销与推广；还有专门帮店主打包的客服等等。

### 17.5.2 电商客服的重要性

沟通是人类行为的基础，是信息、思想和情感在个人或群体间的传递过程。电子商务横行的时代，类似于实体店导购角色的“客服”也随之频频出现，扮演着电商时代不可或缺的重要角色。客服的服务态度对于一个电子商务企业来说，起着至关重要的作用。客服也是电子商务企业中的营销手段。

#### 1. 塑造公司形象

对于一个电商公司而言，客户看到的都是商品图片和文字描述，既看不到商家本人，也看不到产品本身，无法了解各种实际情况，因此往往会产生距离感和怀疑感。这个时候，客服就显得尤为重要了。客户通过与客服的交流，可以逐步了解商家的服务和态度，让公司在客户心目中逐步树立起店铺的良好形象。

#### 2. 提高成交率

通过客服良好的引导与服务，客户可以更加顺利地完成订单。电商客服的一个很重要的作用就是可以提高订单的成交率。

#### 3. 提高客户回头率

当买家在客服的良好服务下，完成了一次良好的交易后，买家不仅了解了卖家的服务态度，也对卖家的商品、物流等有了切身的体会。当买家需要再次购买同样商品的时候，就会倾向于选择他所熟悉和了解的卖家，从而提高了客户再次购买的概率。

#### 4. 更好的用户体验

电商客服可以成为用户在网上购物过程中的“保险丝”，用户线上购物出现疑惑和问题的时候，客服会带给用户更好的整体体验，所以电商客服便是双方沟通交流的重要桥梁。

### 17.5.3 会员的咨询管理

在一带一路特产网中，会员可以在商品详情网页上看到商品咨询的模块，单击“商品咨询”，提交自己所咨询的问题，如图 17-17 所示。

图 17-17　商品咨询

会员可以在会员—我的信息—我的咨询管理中查看以往咨询的所有问题，如图 17-18 所示。会员也可以单击“删除咨询”，删除以往所有的咨询信息。

图 17-18　商品咨询详情

# 第 18 章

# 个人资产的管理及使用技巧

## 18.1　会员级别及所享有的资产

网站对于自己的会员会有一个区分，把所有的会员划分为多个层级，针对不同层级给出不同的服务，不同层级享有不同的会员权益，这个层级就叫会员级别。在一带一路特产网中，会员注册便可获得第一等级，即普通会员。网站中分为 6 个级别，即普通会员、铜牌会员、银牌会员、金牌会员、钻石会员和 VIP 会员。会员等级是通过成长值来获得的，会员级别越高，所享有的权益也就越多。本网站中的会员等级可在会员中心查到，如图 18-1 所示，会员成长体系如图 18-2 所示，会员成长记录如图 18-3 所示。

图 18-1　会员等级

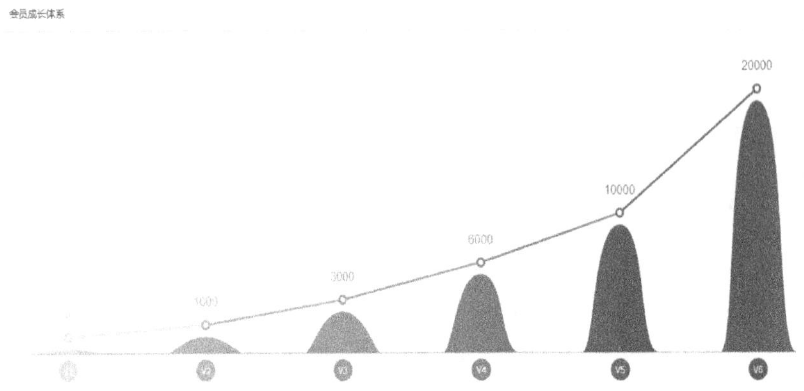


图 18-2　会员成长体系

成长记录　　共2条记录

| 记录时间 | 行为 | 成长值 | 备注 |
| --- | --- | --- | --- |
| 2018-05-17 14:54:53 | 购物获得经验值 | +100 | 当前经验值来自订单：47 |
| 2018-05-16 11:46:06 | 购物获得经验值 | +100 | 当前经验值来自订单：49 |

图 18-3　会员成长记录

在此网站中，会员享有的资产包括三个部分，即我的红包、我的积分和我的优惠券。红包和优惠券是由店铺发放的，可以当作虚拟的钱币使用，可以抵用现金；积分则可以用于抽奖或者抵用某些商品的价钱，但是在年末的时候积分会清零，如图 18-4 所示。

图 18-4　会员资产

会员可以单击“红包”和“优惠券”，查看其相关信息和使用方法，如图 18-5 和图 18-6 所示。

图 18-5　会员红包

图 18-6　会员优惠券

# 18.2　互动流量与资产获得

## 18.2.1　优惠券的作用

优惠券的本质其实是一个短期刺激消费的工具，它与积分刚好构成了日常营销的基本工具。消费者使用优惠券是为了省钱，与此同时，也为商家做了无形的广告。相对于纸质媒体资源的局限性，电子优惠券依托互联网发展，消费者能通过强大的网络搜索实现海量信息的获取，同一优惠信息也可通过多种路径搜索获取。信息平台提供按行业类别、商圈分布、价格范围、人气指数等关键字的搜索，这种交叉性搜索满足了消费者信息比较的需求，提高了同一优惠信息的浏览量。一些商家还会同时提供多种优惠信息，满足不同需求的目标消费者，也会给商家带来更多收益。优惠信息的收藏和分享及订阅电子优惠券邮件也扩大了电子优惠券的传播途径。电子优惠券是以消费者的主动请求为前提，是消费者在有此类消费需求的时候，为寻求价值剩余而产生的行为。消费者从被动地接受人工派发的纸质优惠券发展到主动在互联网上搜索优惠信息，获取电子优惠券，使消费者付出了收集信息的成本，包括时间成本及机会成本，而被动地接受纸质优惠券就不存在搜寻成本带来的刺激效应，使电子优惠券的使用率大大高于传统优惠券。具体来说，优惠券有以下四个作用。

**1. 提升客单价**

根据店铺的基础情况及客单价，合理地设置优惠券的使用门槛，促使消费者为了达到优惠的金额而拼单，增加购买商品数量或选择高价产品，从而实现客单价的提升。

**2. 提高回购率**

对老客户发放优惠券，能吸引老客户访问店铺，提供了店铺活动宣传的途径。针对老客户提供相对较大的优惠力度，能促进重复购买，对于快速消费类产品效果更为明显。

**3. 吸引新顾客购买转化**

针对新客户发放优惠券，可以刺激购买，限时优惠券的使用效果尤为突出，除此之外，也能达到长期吸引客户关注的目的。

**4. 会员营销的辅助**

一方面能够根据店铺的活动情况，把无门槛的高额优惠券作为奖品送出，对于消费者来说，相当于获得打折低价购买产品的机会，从而吸引消费者参与。另一方面，也可以作为会员管理的辅助手段之一，如会员生日可以领取一定额度的优惠券，或者针对会员降低优惠券的使用门槛等，实现对老顾客的关怀和维护。

## 18.2.2　优惠券的使用方法

会员可以进入店铺首页，查看并领取所需要的优惠券，如图 18-7 所示。单击“立即领取”，详情如图 18-8 所示。

图 18-7　店铺优惠券

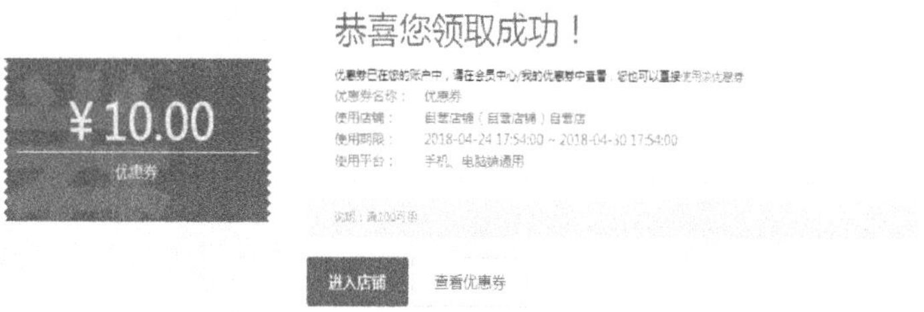


图 18-8　优惠券领取

会员领取优惠券后，可以在会员—我的资产—我的优惠券中查看，如图 18-9 所示。

图 18-9　优惠券详情

# 18.3　资产的使用技巧与利益最大化

## 18.3.1　常用的营销手段

B2C 平台营销脱胎于传统零售市场，兴盛于 C2C 网店。如今更多的 B2C 网购买平台也开始开展各种丰富多彩的营销活动。其主要表现形式有：

（1）会员优惠：开发新顾客比维护老顾客难上加难，留住老顾客，会员折扣不可少。很多 B2C 网站根据顾客购买记录，设定会员级别。购买数额越大，优惠幅度也就越大。根据会员级别折扣自动计算。

（2）买赠活动：比如购物额满多少，就送礼品或者积分。

（3）买商品返现金：比如购物满多少元，返多少。

（4）限时抢购：特定时间限时抢购，以吸引人气。

（5）节日促销：常见的促销活动，也是商家常用的促销方式。

（6）全场或者部分折扣：全场或者部分商品折扣销售。

（7）商品绑定销售：常见的有买 A 送 B，买 A 则 B 半价，买几个送几个，买 A 加多少元送 B 商品。

（8）免除运费：购物满多少或者几件，包平邮或者快递。

（9）特价商品：特别推出廉价商品，以极低价格出售。比如一元特价奉送，一百元特价奉送。

（10）团购优惠价格：型号商品开展团购。家电、IT 商品适用。

（11）注册有礼：注册就送积分或电子购物券。

（12）体验试用：部分商品免费试用。会员可以在线提交申请，邮费自付。

## 18.3.2　资产使用方法

会员在付款时，可以使用所拥有的红包，在订单中单击“付款”，“选择红包”即可，如图 18-10 所示。

图 18-10　使用红包

会员也可以单击图 18-9 所示“我的优惠券”中的“立即使用”，弹出如图 18-11 所示界面。选择所需要的商品，如图 18-12 所示，单击“立即购买”，如图 18-13 所示。单击“使用优惠券”便可弹出如图 18-14 所示的界面，单击“使用优惠”即可。

图 18-11　优惠券详情

图 18-12　商品详情

图 18-13　商品购买详情

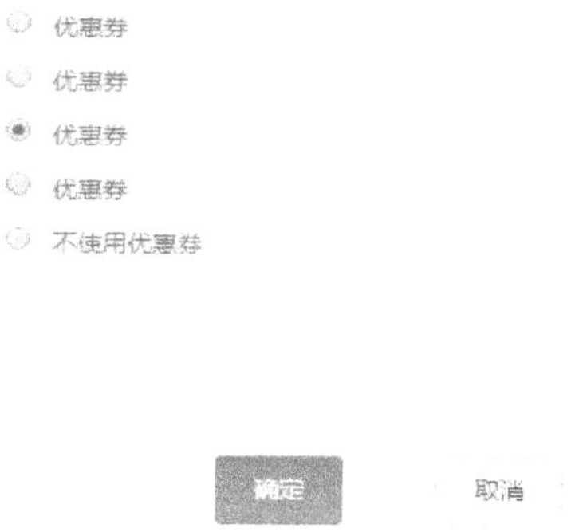


图 18-14　是否使用优惠券

# 参考文献


[1] 张宽海, 梁成华. 电子商务概论[M]. 北京：电子工业出版社, 2003.

[2] 张宽海, 李良华. 网上支付与结算[M]. 北京：高等教育出版社, 2007.

[3] 张宽海. 金融与电子支付[M]. 北京：北京大学出版社, 2008.

[4] 张宽海. 电子商务概论[M]. 北京：机械工业出版社, 2008.

[5] 张宽海, 等. 网上支付与结算[M]. 北京：机械工业出版社, 2008.

[6] 张小蒂, 倪云虎. 网络经济[M]. 北京：高等教育出版社, 2002.

[7] 赵卫东. 电子商务模式[M]. 北京：高等教育出版社, 2006.

[8] 雷光复. 电子商务学[M]. 北京：经济科学出版社, 2003.

[9] 杜梅. 电子商务的经济学分析[M]. 成都：西南财经大学出版社, 2001.

[10] 袁咏梅. 电子商务的信息经济学基础[J]. 天府新论, 2004.

[11] 劳帼龄. 电子商务 10 年发展理论综述[J]. 软件导刊, 2005.

[12] 朱芸，金镝. 网络经济中的正反馈机制解析[J]. 商业时代, 2008.

[13] 陈东海. 行业 IC 储值卡存在的问题及对策建议[J]. 金融与经济, 2008.

[14] 张宽海. 电产商务物流[M]. 成都：西南财经大学出版社，2008.

[15] 张铎. 电子商务物流管理案例评析[M]. 北京：高等教育出版社, 2006.

[16] 王利明. 电子商务法律制度：冲击与因应[M]. 北京：高等教育出版社, 2005.

[17] 邵兵家, 杨霖华, 等. 电子商务概论(第 3 版)[M]. 北京：高等教育出版社, 2011.

[18] 黄芳铭. 结构方程模型：理论与应用[M]. 北京：中国税务出版社, 2005.

[19] 刘志扬, 邓超. 浅析市场调研数据分析中常用的分析方法[J]. 硅谷, 2011(2).

[20] 彭丽芳, 储新民, 李琪. 现代管理学与经济学、工学融合发展——以电子商务专业发展为例[D]. 管理学发展及其方法论问题学术研讨会论文集, 2005.

[21] 李少霞. 技工学校开设电子商务为公共课程的必要性及教学建议探析[J]. 电子商务, 2017(8).

[22] 马玲. 非连续创新与协同产品研发管理[M]. 上海: 上海财经大学出版社, 2007.

[23] 王丽萍. 浅谈电子商务的现状及发展趋势[J]. 现代经济信息, 2014(12).

[24] 丁俊发. 以零售业为突破口的中国流通变革——关于“新零售”的几点看法[J]. 中国流通经济, 2017(9).

[25] 张婷. “一带一路”十大重要节点[J]. 中国科技投资, 2017(10).

[26] 曹则新. 云存储中开放网络资源定存储机制的研究与实现[D]. 华中科技大学, 2011.

[27] 叶辉群. 面向对象技术在网络考试系统中的研究与实现[D]. 北京邮电大学, 2003.

[28] 童云峰. MVC 使用浅谈[J]. 科技创业家, 2011(9).

[29] 张超. 基于 JSP 的 MVC 的设计模式探究[J]. 电脑与信息技术, 2013(4): 60-62.

[30] 高昂, 魏惠茹, 李晓东, 等. MVC 设计模式研究[J]. 电脑知识与技术, 2016(4).

[31] 冯强. 财税库银横向联网下储蓄扣税系统的设计与实现[D]. 厦门大学, 2013.

[32] Liu Chenchen. The Design of Embedded Mobile Database SQLite Based on the ARM11 Platform [J]. Trans Tech, 2013(8).

[33] Peng Haixia, Zhao Hai, Lin Chuan. A Web Client System Design and Implementation for IOS Platform [J]. American Scientific Research Press, 2013(1).

[34] 杨文彬. 基于 ASP 的网上商店的设计与实现[J]. 廊坊师范学院学报：自然科学版, 2011(6).

[35] 侯欢欢, 李超军. 基于 Android 的校园跳蚤市场 APP 的设计与实现[J]. 数字技术与应用, 2017(1).

[36] 何京霖. 基于 B2C 模式的移动电子商务平台的设计与实现[D]. 电子科技大学, 2014.

[37] 刘霄, 陈秀莉, 僧德文. 微商城系统需求分析与设计[J]. 电脑迷, 2017(7).

[38] 刘伟. 浅谈即时通信软件与电子商务的发展[J]. 通信世界, 2013(13).

[39] 王谦. 面向电子商务的服务运营支撑体系的若干关键技术研究[D]. 北京邮电大学, 2015.

[40] 叶纯敏. 电商深度融合 IM, 移动支付仍是瓶颈[J]. 金融科技时代, 2014(01).

[41] 许丽霞, 刘续. 电子商务[M]. 银川：阳光出版社, 2014.

[42] 周建良. 电子商务实训教程[M]. 北京：海洋出版社, 2009.

[43] 岳云康. 电子商务实训教程[M]. 沈阳：东北财经大学出版社, 2008.

[44] 罗明, 张敬伟. 电子商务实训教程[M]. 上海：上海交通大学出版社, 2007.

[45] 周婕, 张成功. 电子商务实训教程[M]. 北京：清华大学出版社, 2011.

[46] 徐林海. 电子商务实验实训教程[M]. 南京：东南大学出版社, 2016.

[47] 杨静. 电子商务综合实训教程[M]. 重庆：西南师范大学出版社, 2016.

[48] 段文奇. 跨境电子商务平台选择与运营仿真实验教程[M]. 杭州：浙江大学出版社, 2016.

# 反侵权盗版声明



举报电话：（010）88254396；（010）88258888

传　　真：（010）88254397

E-mail:　　dbqq@phei.com.cn

通信地址：北京市万寿路 173 信箱

　　　　　电子工业出版社总编办公室

邮　　编：100036